Isabelle Teissier du Cros

Gémeaux

21 mai – 21 juin

Portrait astrologique
Ascendant
Les Gémeaux et les autres signes

Vos enjeux en 2007

•MARABOUT•

Sommaire

Introduction

À propos d'astrologie

Astrologie, voyance et divination

Si l'on ne connaît de l'astrologie que ce qu'en montrent les magazines féminins et ce qu'en disent certaines rumeurs, on la considère comme un support de divination parmi d'autres, aussi mystérieux qu'ésotérique. Certains vont jusqu'à s'indigner – l'astrologie ne m'intéresse pas car je m'estime seul maître de mon destin – sans savoir que c'est le message même de l'astrologie.

Soulevons le voile, car nombreux sont ceux qui, *a contrario*, soupçonnent le « discours sur les astres » d'être fondé sur une réalité, des règles et une technique précises.

Le thème natal

L'outil premier de l'astrologie appliquée à un individu est le thème astral, ou encore la carte du ciel.

Le thème est monté au moment de la première respiration, quelles que soient les circonstances de la naissance : le fait que l'enfant se présente à terme ou avant terme, que la naissance soit provoquée ou nécessite le recours à une césarienne, n'est pas pris en compte. Une fois le cordon ombilical coupé, le bébé est un être à part entière, qui respire avec ses propres poumons. C'est à cette minute que l'on dresse le thème.

Il s'agit donc de l'instantané du ciel à la naissance, à savoir les dix planètes positionnées sur le zodiaque et dans les Maisons (nous reviendrons sur ces deux termes).

Chaque facteur – signe, planète, Maison, aspect... – a sa signification ; l'interprétation du thème est un travail d'analyse et de synthèse, d'application des règles, mais tout autant d'expérience et d'intuition. De même que la psychologie, l'astrologie n'est et ne peut être une science exacte, puisqu'elle s'applique à l'humain. « Certes, c'est un sujet merveilleusement vain, divers et ondoyant que l'homme : il est malaisé d'y fonder jugement constant et uniforme[1] », écrivait Montaigne.

De la même manière, la grille de lecture astrologique appliquée à l'homme n'est pas constituée de données constantes et uniformes : c'est pourquoi elle utilise des symboles (le symbole Saturne, le symbole Maison VIII, le symbole trigone...) dont le sens dépend du niveau de lecture. À un certain niveau, Saturne peut représenter le sevrage. À un autre, le sens des responsabilités ; ou encore la mort, la finitude. Mais l'axe est toujours le même : détachement, maturité, apprentissage du réel. Saturne est celui qui, à chaque tour de roue, nous apprend un peu plus qui nous sommes, nous rend un peu plus conscient. Tout l'art de l'astrologue est de déceler, selon le vécu et l'évolution de la personne, à quel niveau lire le thème. Il est bien évident que l'intuition et l'expérience remplaceront le critère scientifique, inapplicable dans un cadre symbolique non reproductible : les planètes ne se retrouvant jamais toutes au même endroit, la configuration céleste ne se reproduit donc jamais deux fois. Le thème natal est unique. La *qualité* de chaque instant est unique. Le thème représentant un instantané du ciel, on peut aussi dire qu'il personnifie un instant de la vie de l'univers à travers chacun de nous.

Le système solaire simplifié

La carte du ciel rassemble, par commodité, les planètes sur un même cercle : il faudrait des feuilles immenses pour tenir compte de l'échelle du système solaire ; la distance de Pluton n'apparaît pas plus que la proximité de la Lune. Ce qui importe à l'astrologue est que telle planète se trouve dans une certaine tranche d'espace.

Dessinons mentalement une roue, dont la Terre est le centre. Cette roue est composée de douze rayons qui représenteraient les signes du zodiaque, et orientée de façon que le Soleil en parcoure le tour. À proximité de nous se trouve notre satellite, la Lune. Prolongeons les rayons au-delà du Soleil. On trouvera successivement Mercure, puis Vénus, Mars, Jupiter, Saturne, enfin les planètes invisibles : Uranus, Neptune,

1. Montaigne, *Essais*, livre I, chapitre 1, 7e alinéa.

Pluton. Chaque planète se trouvera entre deux rayons, quelle que soit sa distance à la Terre. Autrement dit, dans un signe zodiacal.

Superposons une seconde roue à la première, la Terre restant au centre ; cette seconde roue est orientée en fonction de l'horizon, qui sera l'Ascendant, et du méridien, qui sera le Milieu-du-Ciel. Les dix autres Maisons seront calculées à partir de ces deux points. Je reparlerai des Maisons un peu plus loin.

Une planète se trouve à présent à la fois dans un signe, et dans une Maison. Chacun de ces facteurs aura une signification précise.

L'astrologie nous dit ici que la *qualité* de l'espace n'est pas uniforme ; si une planète est orientée dans la direction « Bélier » de l'espace, elle n'aura pas la même qualité d'énergie que dans la direction « Capricorne ». Le fait que le Soleil traverse la première au début du printemps, et la seconde au début de l'hiver, suffit à leur donner une qualité et une signification opposées. Notre zodiaque est fondé sur les saisons - et non sur les étoiles.

De ce qui précède, on constate que l'astrologie est un système géocentrique. Voilà qui fait sourire les scientifiques : chacun sait, depuis le XVIe siècle, que notre système solaire a le Soleil pour centre.

L'astronomie est une science objective.

L'astrologie, purement subjective au contraire, cherche une correspondance entre le système solaire et nous ; elle s'inscrit dans la thèse de l'interdépendance universelle qu'évoquaient les Anciens, où chaque partie de l'univers est en sympathie et en résonance avec les autres. Et bien sûr, puisque l'astrologie parle de nous, nous en sommes le centre.

Chaque planète symbolise une fonction psychique

Le signe zodiacal (dans lequel se trouvait le Soleil à la naissance) est loin de suffire à décrire l'individu, fait de multiples sous-personnalités qui s'imbriquent en un tout plus ou moins cohérent. Celles-ci sont symbolisées par les planètes, qui représentent chacune une fonction psychique (la créativité pour le Soleil, le sentiment pour Vénus, l'imagination pour la Lune…) et touchent chacune un stade défini de notre évolution : le stade du nourrisson pour la Lune, l'enfance pour Mercure, la vieillesse pour Saturne… Le thème forme un tout, qui met en valeur tels ou tels facteurs.

Insistons sur le fait que chaque thème est unique. Le fait d'être né le même jour, à la même heure qu'une autre personne ne suffit pas à en faire votre jumeau cosmique ; il faudrait également que vous soyez nés sous les mêmes latitude et longitude. Le cas des jumeaux, nés à quelques minutes d'intervalle, est intéressant : le thème présente en effet d'infimes différences, mais celles-ci peuvent faire toute la différence. En quelques minutes, seuls les Axes (l'Ascendant, le Milieu-du-Ciel) et les autres Maisons bougent de manière significative. Lorsque l'un des Axes change de signe notamment, par un effet de domino, l'ensemble du thème en est altéré.

Y a-t-il de bons et de mauvais thèmes ?

Non. Il y en a de plus faciles que d'autres. Ce que l'on constate, c'est que plus un thème est difficile (riche en tensions et en contradictions), plus la personne est créatrice. Les tensions et les divisions intérieures aiguisent la conscience et trouvent leur issue dans la création. *A contrario*, un thème équilibré est plus confortable à vivre, et peut-être moins évolutif.

Sommes-nous déterminés par notre thème ?

Nombreuses sont les réactions suivantes face à l'astrologie : je ne veux pas savoir ce qu'il va m'arriver. J'ai peur des révélations qu'un astrologue pourrait me faire sur mon avenir. Ou bien : je ne peux supporter l'idée que mon destin est entre les mains des planètes. Ou encore : je n'ai jamais eu de chance dans la vie, c'est à cause de mon thème.

Ces réactions reflètent une vision erronée de l'astrologie, engendrant plusieurs malentendus.

L'astrologie dit que vous avez gardé la mémoire de votre carte du ciel, qui est comme une sorte de puce électronique, bourrée d'informations qui ne concernent que vous. Ce n'est pas *parce que* votre thème est comme ci ou comme ça que vous êtes qui vous êtes ; le thème ne fait que signer l'être, lui renvoyer son image, comme un miroir. De la même façon, l'astrologie ne va pas vous dire ce qui va vous arriver. Elle va vous parler de ce qui est en jeu dans votre vie, vous éclairer sur une dynamique interne de laquelle vous êtes ponctuellement déconnecté, et qui est reflétée par la position actuelle des planètes et le rapport qu'elles forment avec votre thème natal.

Certaines personnes vont en effet consulter un astrologue (ou une cartomancienne, ou une voyante) pour connaître l'avenir. Ce n'est pas forcément inefficace : si l'on imagine une personne malade qui voudrait connaître les prochaines périodes probables de rechute ou de crise, il est possible de répondre. Mais il ne s'agit que de probabilités, qui ne surviendront (peut-être) que si l'on ne fait rien pour que la situation change (si l'on reste inerte et non conscient). Le risque de nommer ces probabilités comme des prédictions est de peser d'un poids déterministe sur la conscience de la personne, qui sent *ipso facto* son destin lui filer entre les doigts, pour devenir l'objet de forces extérieures arbitraires... Ici l'on rejoint une vision primitive et magique du monde, où les planètes sont en quelque sorte divinisées (pour ne pas dire diabolisées !), où l'homme est un fétu de paille - intelligent, certes, mais impuissant face aux dangers multiples qui peuvent l'assaillir à chaque instant. Dans cette vision dualiste, l'homme est séparé de l'univers, qui le met potentiellement et de façon permanente en danger.

Il y a deux manières d'envisager l'astrologie : deux postulats de base, qui se contredisent l'un l'autre. Il faut donc choisir son camp.

L'astrologie traditionnelle s'appuie sur une influence astrale - qui n'a jamais été prouvée scientifiquement jusqu'à présent. C'est contre cette thèse de l'influence des planètes sur les hommes et leur destin que s'élèvent – avec raison, selon moi – de nombreuses personnes rationalistes ou simplement rationnelles.

Les courants modernes de l'astrologie (astrologie humaniste, structurale, psychologique...) se réfèrent de plus en plus à l'idée d'une synchronicité[1] entre le ciel et nous, rejoignant par là le concept antique d'interdépendance universelle. « La position des corps célestes à un moment spécifique, en reflétant les qualités de ce moment, reflète également les qualités de tout ce qui a vu le jour à ce moment-là... L'un ne cause pas l'autre ; ils sont synchrones et se reflètent l'un l'autre. » (Liz Greene[2])

Le thème, les planètes n'ajoutent rien, à mon sens, aux multiples déterminismes dont nous sommes l'objet (culture, éducation, histoire...). Ils ne font que les illustrer. L'astrologie n'est pas plus – et pas moins ! – qu'une grille de lecture. Non, nous ne sommes pas déterminés par notre thème : le thème natal reflète qui nous sommes et nous donne la direction de l'évolution. Notre liberté n'est pas mise en péril par l'astrologie : nous y suffisons bien tout seuls !

Pour moi, le propos de l'astrologie n'est pas de prévoir mais de donner sens, d'orienter, et précisément de faire prendre conscience à la personne de son degré de liberté, d'autonomie et donc de responsabilité d'elle-même.

Croire ou ne pas croire à l'astrologie devient pour moi une interrogation beaucoup plus large : sommes-nous un avec le monde, ou sommes-nous deux, c'est-à-dire séparés ? Là se situe la croyance, ou plutôt le modèle du monde. Je fais partie de ceux pour qui l'univers n'est pas morcelé : le mental et le corps ne sont pas plus séparés que ne sont séparables l'esprit de la matière, l'objet du sujet qui l'observe et la Terre du reste du cosmos. Si, par intuition ou conviction personnelle, la

---

1. Terme issu d'une théorie de C. G. Jung, développée notamment dans son livre *Synchronicité et Paracelsica.*

2. *Cf.* son article au sujet de la « Synchronicité » sur son site : www.astro.com

réalité d'une interdépendance universelle s'impose, il apparaît également naturel que nous sommes connectés, d'une façon ou d'une autre, aux cycles planétaires de notre système solaire.

Avec l'astrologie, nous entrons dans un espace d'incompréhensible et d'inexplicable qui nous échappe. À ceux qui s'y penchent, elle s'impose de manière intuitive et intime, comme une manière de lien mystérieux entre l'homme et l'univers. De ce lien, l'on ne saurait apporter aucune preuve ; mais à celui qui voit le monde comme un tout, englobant une multitude de touts d'identique structure, il apparaît comme une évidence.

Le zodiaque

Pour les premiers astrologues de Mésopotamie, il s'agissait d'abord de repérer les planètes, leurs révolutions et leurs cycles ; ce n'est qu'assez tardivement (autour du VIe siècle av. J.-C.) qu'apparaît la division du cercle de l'écliptique[1] en douze signes. Plus tard, les douze signes furent subdivisés en trente-six décans. Chaque signe en comptait donc trois, dont chacun était gouverné par une planète ; ainsi, d'après la tradition, le premier décan du Bélier est gouverné par Mars, planète de l'action et de l'agressivité ; le deuxième décan par le Soleil, planète de l'autorité et de la créativité ; le dernier par Jupiter, planète de l'opulence et de la représentation. Aujourd'hui, le système des décans est surtout utilisé dans les horoscopes collectifs : ils permettent d'affiner les pronostics.

Le zodiaque décrit les douze étapes du parcours du Soleil sur l'écliptique, vu de la Terre. L'astrologie occidentale utilise le zodiaque tropical, basé sur les saisons. Celui-ci s'est décalé, en deux mille ans, d'environ un signe par rapport au zodiaque stellaire formé par les constellations : ce phénomène est dû à la précession des équinoxes. En résumé, aujourd'hui, l'astrologie ne tient plus compte de la position des étoiles pour définir le zodiaque, qui est une représentation fictive, une division mathématique du ciel en douze parties égales.

La signification du zodiaque

Le zodiaque, « roue de la vie », retrace, selon Dane Rudhyar[2], les phases de l'expérience humaine. Il s'agit en l'occurrence d'une roue dentelée, un signe de polarité masculine (flux) alternant avec un signe de polarité féminine (reflux), et chaque signe se posant comme l'antithèse du précédent. La loi du zodiaque semble respecter l'ordre des signes comme un

---

1. Cercle décrit par la course du Soleil vu de la Terre, et sur lequel les planètes se déplacent (à l'exception de Pluton, excentrique).
2. Père de l'astrologie humaniste. *Cf. Le Rythme du zodiaque*, Éditions du Rocher, 1981.

ordre d'évolution : chaque signe prend appui sur le précédent. La roue du zodiaque fait penser à une spirale Ascendante, menant vers un plus grand degré de conscience. Vue de haut, la logique de l'évolution prend forme.

La personnalité née au Bélier, achevée à la Vierge, développe à partir de la Balance (signe de relation) une conscience sociale, qui va s'épanouir et s'organiser ; au Capricorne, l'individu recherche les lois universelles ; au Verseau, la fraternité universelle. Au Poissons, ère de déclin, la personnalité se dissout dans l'océan cosmique, qui est celui de l'amour universel. À chaque tour de roue, un nouveau cycle commence à un niveau supérieur au précédent, l'évolution formant une spirale. Bien sûr, c'est une vision du monde purement intuitive, mais partagée (par le philosophe Teilhard de Chardin, entre autres).

Les signes du zodiaque

Ce symbolisme est librement inspiré de la tradition

Bélier

Signe de Feu, masculin, cardinal, gouverné par Mars. Hippocrate l'a associé à la tête.

Un jeune bélier, cornes en avant, bondit sans voir où l'entraîne son élan. Il symbolise la force de vie jaillissante du printemps ; l'élan vital, la franchise, l'agressivité. Il ne recule devant aucun risque, jusqu'à l'extrême. Son goût de la compétition n'est pas une recherche de pouvoir mais une quête d'identité ; il s'investit dans son acte créateur, puis se désintéresse de sa création. Du chaos dont il est issu, il garde l'angoisse diffuse du néant et réagit par une activité incessante. Il a confiance en sa force de vie.

Taureau

Signe de Terre, féminin, fixe, gouverné par Vénus. Associé à la gorge et à la bouche.

Un taureau paît calmement dans une prairie verdoyante. Il est confiant en sa force, confiant dans la Nature qu'il connaît et respecte. Lenteur, paix, besoin de jouir de l'instant le caractérisent. Il aime la terre, la chair, la bonne chère, le contact sensuel ; c'est un tactile. Son esprit est pragmatique, son sens du territoire, aigu. Il avance lentement mais sûrement vers son but. Le Taureau, tel le chêne, est inébranlable ! Il a besoin de créer, d'ériger, de construire, de faire grandir ; il s'identifie à sa création.

Gémeaux

Signe d'Air, masculin, mutable, gouverné par Mercure. Associé aux bras, aux poumons et au système nerveux.

Deux enfants dansent joyeusement main dans la main. Des jumelles, deux amants, âmes sœurs, frères ennemis ; l'un tient une plume, l'autre un archet. L'un ment, l'autre non. Mobilité, humour, intelligence, légèreté : le Gémeaux est un magicien agité et volubile, son esprit est toujours en mouvement, c'est un éternel adolescent. Il est opportuniste et adaptable, chaleureux et sociable. Fantaisiste, comédien, il a le don de mettre les gens en relation, de s'adapter à l'instant.

Cancer

Signe d'Eau, féminin, cardinal, gouverné par la Lune. Associé à la poitrine et à l'estomac.

C'est un animal vulnérable, dont on devine la chair tendre et laiteuse ; il est si sensible qu'au premier souffle d'air il disparaît en un clin d'œil dans l'obscurité de sa coquille. Il est inquiet, voudrait rester enfoui, se retourner vers le passé, s'oublier dans ses souvenirs. Il écoute sa mémoire avec nostalgie, rêve de son enfance, note ses rêves, plonge en lui-même pour échapper à l'hostilité du dehors. Qui s'en douterait ? On ne voit que son épaisse carapace et ses pinces brandies. Sa paix, il la trouve chez lui, entouré des siens.

Lion

Signe de Feu, masculin, fixe, gouverné par le Soleil. Associé au cœur et aux vaisseaux sanguins.

Un lion royal, solitaire, rugit avec autorité ; autour de lui, les animaux tournent la tête dans sa direction. C'est le Roi des animaux. Sans lui, la troupe perd son chef. Sans sa troupe, il perd sa raison d'être. Voilà le Lion, sublime d'être admiré, aimé – dépossédé sans le regard de l'autre. Croyez en lui et il vous offre la lune, déploie son charisme rayonnant, son intelligence, sa chaleur, sa force. Généreux jusqu'à l'emphase, il est parfois jalousé, alors que lui-même ne voit que le meilleur dans chacun.

Vierge

Signe de Terre, féminin, mutable, gouverné par Mercure. Associé au système digestif, aux intestins.

Une jeune femme, silencieuse et attentive, s'affaire ; discrète, infatigable, elle voit tout. Elle sait toujours quoi faire pour soigner, réparer, organiser le monde autour d'elle. Tout doit fonctionner à la perfection. C'est son rôle, elle est indispensable ; dans quel chaos va-t-elle sombrer si elle faillit à sa tâche ? Inquiète, elle ne connaît pas le repos. Son intelligence acérée analyse, compare, juge. Elle ne parle que de ce qu'elle voit et connaît. Elle envie les poètes, les magiciens, les artistes ; mais ne se donne pas le droit de rêver.

Balance

Signe d'Air, cardinal, masculin, gouverné par Vénus. Associé aux reins et au système urinaire.

Un danseur marche sur le fil d'un rasoir. Il n'a pas le droit à l'erreur, il doit trouver l'équilibre. Il est gracieux, il rayonne et reste droit ; l'intransigeance, par instants, jette un voile sévère sur son visage. Pour lui, tout ne doit être qu'« ordre et beauté ». Il laisse le « luxe et la volupté » au Taureau, autre vénusien, préfère les vertus de l'ascèse. Pourtant lui seul sait faire régner l'harmonie autour de lui, apaiser, accueillir. Son rôle est de faire respecter l'égalité entre les hommes, l'équilibre de l'univers.

Scorpion

Signe d'Eau, féminin, fixe, gouverné par Pluton et Mars. Associé à la zone génitale-anale.

Au fond d'un marécage, une sorcière mélange des philtres ; elle veut percer le secret de l'au-delà. Elle voit au-delà du visible, elle est redoutée. Certains la convoitent, d'autres la haïssent. Elle connaît le secret de chaque homme, on ne peut la flouer. Personne ne sait d'où elle vient, ni n'ose la questionner. Elle ne craint ni la mort ni la souffrance ; elle ira jusqu'au bout de ce que lui dicte son cœur. Ses passions sont entières, son amour inextinguible : elle possède, elle est possédée. La liberté, pour quoi faire ?

Sagittaire

Signe de Feu, masculin, mutable, gouverné par Jupiter. Associé aux cuisses.

Un archer à cheval voyage. Il part les poches pleines de richesses, vêtu comme un prince, et monte le meilleur destrier de la région. Il est missionné par ses pairs pour trouver le Saint-Graal. À mesure qu'il chemine, il se dépossède ; il découvre des continents inexplorés, d'autres croyances, d'autres richesses, celles de l'âme. Il s'en revient les poches vides et le cœur plein. Il prêche, il enseigne, il éduque, il est écouté. Il insuffle sa flamme de conquérant dans les cœurs juvéniles. Il poursuit sa quête, son voyage intérieur sans fin.

Capricorne

Signe de Terre, féminin, cardinal, gouverné par Saturne. Associé aux genoux, au squelette et aux dents.

Un vieux sage est assis sur le seuil d'une masure, au sommet d'une montagne battue par les vents. Il vit dans le silence et le recueillement. C'est l'ermite. Près de lui, une faux, devenue inutile, témoigne de ses renoncements. Plus jeune, il a connu le pouvoir. Sa persévérance, sa froideur pragmatique le hissèrent aux cimes du monde. Puis il s'est dépouillé, a quitté les hommes, pour s'en aller chercher la racine des choses, l'essence de l'être, la loi divine dans l'ascèse.

Verseau

Signe d'Air, masculin, fixe, gouverné par Uranus et Saturne. Associé aux chevilles.

Un étranger de passage dans une ville aperçoit un groupe et le rejoint. C'est un apatride. Pourtant, il est accueilli comme un frère, partout où il va. Il est chez lui dans le cœur des hommes. Il parle d'autres lois, brise les carcans de l'habitude et de l'oppression, il parle de l'homme nouveau. Il connaît le langage de chaque homme, sait lui parler et l'entendre. L'eau de son amphore se répand indéfiniment : c'est l'eau de la Connaissance, l'eau semence. Il est l'éveilleur.

Poissons

Signe d'Eau, féminin, mutable, gouverné par Neptune et Jupiter. Associé aux pieds et au système lymphatique.

Un moine marche dans le désert. Il a traversé les tempêtes de l'âme, abandonné les illusions du Verseau. Pour préparer le cycle nouveau, il doit se purifier des mémoires du monde, des peurs ancestrales qui résonnent dans ses profondeurs obscures. L'inconnu ne le rebute pas plus que ne l'effraye la perte... En lui viennent s'échouer les questions irrésolues et les prières silencieuses. Le Poissons chemine vers l'amour et la compassion, parfois à travers le sacrifice.

Les modes ternaires

Il faudra également combiner l'élément du signe avec son mode ternaire, qui détermine le type de circulation de l'énergie : le Bélier, le Cancer, la Balance et le Capricorne sont des signes **cardinaux** ; ils sont à l'origine d'une nouvelle qualité d'énergie (nouvelle saison). Le Taureau, le Lion, le Scorpion et le Verseau sont des signes **fixes** : ils stabilisent l'énergie, concentrent leur action et leur esprit dans une direction. Les Gémeaux, la Vierge, le Sagittaire et les Poissons sont des signes doubles, ou encore **mutables**, qui ont une fonction de liaison ; ils sont adaptables, mobiles, diplomates.

Les éléments

C'est au Grec Empédocle d'Agrigente (Ve siècle av. J.-C.) que revient la théorie de quatre éléments fondamentaux : le Feu, la Terre, l'Air, l'Eau. Pour Hippocrate, chaque élément est une combinaison des quatre qualités élémentaires : le **chaud** (mouvement, dynamisme, élan, vie), le **froid** (immobilité, passivité, conservation, mémoire, résistance), le **sec** (rigidité, inadaptation aux variations, conservation, imperméabilité, pérennité) et l'**humide** (adaptation, réceptivité, passivité, sensibilité, inconstance, impressionnabilité). En fonction de ces données, il détermina quatre tempéraments : bilieux (pour le Feu, chaud et sec), nerveux (pour la Terre, froide et sèche), sanguin (pour l'Air, chaud et humide) et lymphatique (pour l'Eau, froide et humide).

Les astrologues grecs appliquèrent ce principe aux signes du zodiaque. L'élément définit le type d'énergie du signe.

Le Feu : Bélier, Lion, Sagittaire

Le Feu est l'énergie vitale, la volonté, la passion. Il correspond, dans la psychologie jungienne, à la fonction du « sentiment ». Les personnes chez qui prédomine cet élément se caractérisent par les qualités suivantes : élan, impulsivité, enthousiasme, optimisme, courage, coups de foudre, forte émotivité, excitabilité. De tempérament chaleureux, vivant, agité, énergique, entreprenant, incapable de s'économiser, elles démarrent au quart de tour ! Leur caractère est franc, spontané, entier, agressif, colérique, autoritaire, rigide, intransigeant, exigeant (le Feu du Sagittaire est tempéré par sa qualité de mutable).

Cette énergie masculine se retrouve également chez les personnes typées par le Soleil et Mars.

Le Feu **crée** dans l'instant.

La Terre : Taureau, Vierge, Capricorne

La Terre pétrit, conserve, évalue, calcule à long terme. Chez Jung, on retrouve ici la fonction de la « sensation ». Les personnes chez qui la Terre domine ont tendance à intérioriser leurs émotions ; les informations sont passées à travers le filtre de l'analyse et de la raison. Ces personnes font preuve de stabilité d'humeur et d'opinions, conservent l'acquis et le font fructifier, organisent des objectifs à long terme. Fidèles constantes, elles sont dotées d'une grande capacité de concentration et d'une puissance de travail infatigable. Leur esprit est rationnel, voire rigide, dogmatique, conformiste, traditionaliste (notons que la Terre de la Vierge est assouplie par sa qualité de mutable).

Cette énergie féminine se retrouve chez les personnes typées par Saturne dans leur thème.

La Terre **construit** sur la durée.

L'Air : Gémeaux, Balance, Verseau

L'Air relie, échange, épouse les variations avec humour et légèreté. Le Verbe appartient à cet élément, qui est lié à la fonction jungienne de la « pensée ». Le type « Air » a un grand besoin de changement et de mouvement, d'échange, de communication ; le tempérament est vif, mobile, juvénile, adaptable. Sociable, loquace, expressif, il s'intègre avec aisance au groupe. Il est apprécié pour son enthousiasme, sa légèreté, sa joie de vivre ; il fait preuve de distanciation mentale (surtout chez le Verseau réfléchi, dont l'Air est stabilisé par sa qualité de fixe).

Cette énergie masculine se retrouve également chez les personnes typées par Mercure et Uranus.

L'Air **communique** et **relie**.

L'Eau : Cancer, Scorpion, Poissons

L'Eau épouse, se fond silencieusement, contemple, rêve, nourrit. Son monde est celui de l'imaginaire, des émotions, de l'instinct. L'Eau est liée à la fonction « intuition » chez Jung. Les personnes à dominante « Eau » ont un tempérament doux, sensible, impressionnable, une grande capacité d'écoute, de réceptivité et d'empathie. Mélancoliques, passives (sauf le Scorpion), elles préservent leurs secrets en silence, fuient le bruit et l'agitation ; leurs réactions sont intériorisées ; leurs désirs, souvent sublimés ou idéalisés ; l'imagination est très active et n'a pas forcément besoin d'aboutir à un résultat concret. La créativité artistique est en ébullition. Ces personnes s'adaptent avec souplesse au milieu ambiant. Elles ont de la difficulté à s'engager, à dire non ou à prononcer une opinion tranchée (mais l'Eau du Scorpion est cristallisée par sa qualité de fixe).

Cette énergie féminine se retrouve également chez les personnes typées par la Lune et Neptune.

L'Eau **conserve** la mémoire, dilue et féconde.

Le signe solaire ne suffit pas à définir l'élément prédominant. La **dominante élémentaire** tient compte de l'ensemble des planètes du thème, ainsi que des signes de l'Ascendant, du Descendant, du Milieu-du-Ciel et du Fond-du-Ciel. Vous pourrez la calculer vous-même en remplissant le tableau suivant à l'aide de vos positions planétaires[1].

	So	**Lu**	**Me**	**Vé**	**Ma**	**Ju**	**Sa**	**AS**	**MC**
Feu									
Terre									
Air									
Eau									

1. Vous les trouverez sur mon service Audiotel : 0892 68 27 80 (0,34 € la minute).

Les planètes

Chaque planète individuelle du thème natal[1] (de la Lune à Saturne) constitue une fonction psychologique.

Soleil ☉

Si l'on devait placer un Soleil à l'intérieur de soi, que choisirait-on ? Le **cœur**. Le Soleil dans notre thème, c'est ce qui brille en nous : notre **conscience** d'être, notre **désir** de réaliser, la forme de notre **créativité**, notre manière de regarder le monde - comme un défi à remporter, pour le Bélier, ou comme un travail à accomplir, pour la Vierge. Il représente notre **idéal**. Pour la Tradition, le Soleil représente aussi le **père** et, pour une femme, la relation à l'**homme**.

Lune ☽

Satellite, mobile, changeant de forme, la Lune représente notre statut de **dépendance**. Le côté enfant, et même **bébé**, en nous ; celui qui a besoin d'être nourri, comblé, rassuré. Notre capacité à demander, à exprimer nos **besoins**. Une Lune en Cancer se sentira en prise avec son corps et ses besoins, alors qu'une Lune en Capricorne ne s'écoutera pas et luttera pour ne jamais rien demander à personne. La Lune représente nos **émotions**, notre mémoire, l'antenne **sensible**, intuitive, qui nous relie au monde. C'est aussi notre capacité à protéger, materner - à être **mère** pour une femme ; ou encore, c'est l'image de la **femme** dans le thème d'un homme. Le signe de la Lune nous renseigne sur ce dont nous avons fondamentalement besoin pour nous sentir bien, physiquement et émotionnellement. La Lune est la forme que prend notre faim.

Mercure ☿

Juste après la Lune, qui représente le stade de dépendance absolue du nourrisson et son monde de sensations, vient Mercure, qui représente l'éveil de l'**intelligence**, la capacité

---

1. Pour le calcul de votre thème natal, vous pouvez consulter mon service Audiotel : 0892 68 27 80 (0,34 € la minute).

de **discernement**, le besoin de **communiquer**. La fonction de Mercure dans notre thème est une fonction d'**échange** ; sa position en signe nous renseigne sur la façon dont nous nous relions aux autres, sur notre capacité d'expression, notre **éloquence**, notre **écoute** de l'autre. Sommes-nous capables d'écouter (à la manière d'un Mercure en Poissons) ou cherchons-nous d'abord à nous faire entendre (Mercure en Lion) ?

Vénus ♀

Vénus représente l'**image de soi** ; l'image que nous avons de nous-même, surtout en termes de séduction : sommes-nous capables de séduire, de nous intégrer, de nous faire aimer, et comment ? C'est notre outil de séduction et notre **manière d'aimer** et d'exprimer nos sentiments. Une Vénus en Vierge, pudique et bien élevée, ne sera pas sur la même longueur d'onde qu'une Vénus en Sagittaire, par exemple, conquérante et gouailleuse... Vénus représente la sexualité de la femme, et dans le thème d'un homme, son image de la princesse idéale...

Mars ♂

Avec Mars, dieu de la guerre, vient le temps de la **lutte** ; Mars sera mon outil pour obtenir ce que je veux, pour réaliser mon désir solaire. Il représente ma forme de **volonté**, ma force de **décision** et d'**action**, mon instinct de défense et de conquête ; il dit ma capacité à me battre, et ma manière de me battre : sera-ce à la façon ondoyante des Poissons, civilisée de la Balance, opiniâtre du Taureau... ? Mars, c'est aussi la sexualité pour un homme, et le prince charmant dans le thème de la femme : sa conception de la virilité.

Jupiter ♃

Cette planète représente notre capacité à nous nourrir du monde, à être comblé matériellement, à être reconnu et valorisé socialement. En somme, notre capacité au bonheur et à l'épanouissement, ainsi que notre instinct de territoire. Il représente aussi les outils à notre disposition pour réussir socialement, ainsi que notre rapport à la hiérarchie, aux lois, à la bienséance. Un Jupiter en Verseau aura tendance à chercher une voie originale pour s'imposer, hors des sentiers battus, alors qu'un Jupiter en Vierge préférera la sécurité du fonctionnariat. Jupiter, c'est notre capacité à gagner de l'argent – ou à nous enrichir spirituellement.

Souvent, les difficultés qui peuvent survenir dans ce domaine sont directement liées à un manque vécu à l'état de nourrisson (problèmes d'allaitement, de nourriture...), que l'adulte va reproduire dans son rapport au monde.

Saturne ♄

Saturne représente notre ossature, notre colonne vertébrale (au propre comme au figuré), notre **structure** intérieure. Il dit notre capacité à nous imposer des règles, des lois, des limites afin de pouvoir vivre en **société**. Notre faculté, enfant, à nous montrer raisonnable, à tempérer nos appétits et nos désirs ; puis, plus tard, à prendre sur soi, à s'imposer un effort, une discipline, une **morale**. Saturne représente l'obstacle que l'on dresse devant son propre désir, qui a force de **loi**, et qui provient initialement du **père**. Saturne représente donc notre père intérieur, notre **Surmoi** freudien ; notre **conscience** morale, et éventuellement la culpabilité qui peut y être liée. Saturne est lié à la capacité d'abstraction (les scientifiques et les philosophes, par exemple, sont des saturniens) et à l'accès au symbolisme.

L'Ascendant, le Milieu-du-Ciel, les Maisons

L'Ascendant

L'Ascendant est le signe (et plus précisément, le degré de ce signe) qui, du lieu et à la minute de la naissance, monte à l'horizon est. Ce point mathématique se calcule en fonction de la rotation de la Terre sur elle-même. Les Grecs le nommèrent *horoscope*[1]. L'Ascendant change de signe toutes les deux heures, à raison d'un degré toutes les quatre minutes. D'où l'importance d'une heure de naissance exacte...

Il s'agit de notre signature astrale la plus personnelle, celle qui nous concerne le plus spécifiquement. L'Ascendant représente la manière originale dont nous allons nous démarquer de notre milieu familial. Il décrit le **caractère,** le tempérament, le **comportement social** et ce que la personne dégage au premier abord. C'est notre manière particulière de réagir et de nous adapter au monde. Il donne des indications sur la santé, la vitalité, la morphologie...

Signe Ascendant et signe solaire : une distinction subtile...

On dit que l'Ascendant prend le pas sur le signe solaire avec le temps. Vrai ou faux ?

Le Soleil dans notre thème est une fonction psychologique : il s'agit de la fonction du désir, de la volonté. Le Soleil dit : voici qui je veux être, pour qui et comment. Cette fonction met environ un an à se développer et peut être freinée, voire étouffée par une histoire familiale problématique (ce qui explique qu'un grand nombre de personnes sont contrariées dans leur désir et leur épanouissement).

L'Ascendant symbolise notre personnalité sociale et correspond à notre nature : nous ne pouvons exercer sur elle aucun contrôle. Un Ascendant Lion aura le plus grand mal à faire

1. Littéralement « qui considère l'heure de la naissance ».

preuve de discrétion : sa nature est de briller et de s'imposer. En somme, le Soleil a quelque chose à voir avec le mental conscient. L'Ascendant représente l'enveloppe dans laquelle nous avons choisi de nous incarner.

Il n'y a, à mon sens, aucune raison de croire que l'Ascendant prend le pas sur le Soleil avec le temps ; sauf à vouloir dire que notre masque social finit par prendre le pas sur notre désir et notre être profond - ce qui voudrait dire que notre désir vital se délite, que la coquille se vide de sa substance au fil des années. Ce n'est certainement pas une fatalité...

Le Milieu-du-Ciel

Le Milieu-du-Ciel est le point origine de la Maison X. Il représente la vocation professionnelle et, pour la Tradition, la destinée. Il ne suffit bien sûr pas à décrire la vocation, d'autres facteurs doivent être pris en compte. Mais il donne une première indication.

Les Maisons vont donner à notre thème une dimension unique. Si un grand nombre de naissances ont eu lieu à la même minute, elles n'ont pas lieu exactement au même endroit. Si l'on tire une droite qui part du centre de la Terre et nous traverse, à l'instant du premier cri, cette verticale-là nous appartient ; certes, à l'échelle de la Terre, naître à quelques mètres de distance l'un de l'autre semble négligeable. Mais si l'on prolonge les deux verticales dans le cosmos, elles divergeront à l'infini ; et l'étoile qu'atteindra cette verticale est notre étoile. D'où l'expression populaire.

Avec l'intégration des Maisons dans le calcul du thème va donc se préciser l'orientation généthliaque[1] de l'astrologie. Chaque Maison donne en effet le domaine de vie dans lequel la planète va s'exprimer.

La domification - système de calcul des Maisons - est une division de l'espace local en douze parties (la sphère dont nous sommes le centre au lieu de notre naissance). L'Ascendant (début de la Maison I) est le point où l'horizon est coupe l'écliptique ; le Descendant (Maison VII) se trouve à l'opposé, à

1. Astrologie s'adressant à l'individu (plutôt qu'à une nation).

l'ouest. Le Milieu-du-Ciel est la prolongation du méridien de naissance sur l'écliptique, et le Fond-du-Ciel est son opposé. Une fois ces quatre points posés, il existe plusieurs systèmes de domification, dont le plus commun est celui de Placidus, repris de Ptolémée.

Le Soleil en Maisons

La position du Soleil en Maisons donne une indication sur le domaine privilégié d'expression de la personne. On remarquera qu'il existe une correspondance Maison/signe : la Maison I, par exemple, possède certaines caractéristiques du Bélier (premier signe). Toutefois, cette indication n'est qu'un seul élément de la totalité du thème, aussi faut-il en relativiser la portée...

Soleil en Maison I (correspondance avec le Bélier) : **être**

Cette position forte est celle d'une personnalité autoritaire, rayonnante, qui cherchera très tôt à s'affirmer, à se démarquer de son milieu familial pour suivre sa propre voie, son propre désir. Cette personne a un grand besoin d'être au centre et à l'origine des choses. L'énergie s'oriente donc vers l'action d'entreprendre, de commencer, de créer des dynamiques nouvelles, d'imposer sa volonté et son désir.

N'oublions pas que, dans un thème féminin, le Soleil peut être projeté sur l'homme, si la femme s'est identifiée à sa Lune. Ce qui ne l'empêchera pas, éventuellement, de reprendre un jour possession de ce Soleil qu'elle vit par procuration.

Soleil en Maison II (correspondance avec le Taureau) : **avoir**

Cette personne a besoin de réaliser des choses concrètes ; de faire fructifier ses avoirs, de gérer le patrimoine familial, de construire. Elle a le sens de la valeur des choses et peut avoir une certaine ambition matérielle, mener une existence qui tourne autour de la question de l'argent, de l'avoir, de la reconnaissance matérielle - même si son propos est plus élevé.

Soleil en Maison III (correspondance avec les Gémeaux) : **communiquer**

Que ce soit par le biais de la conversation, de l'écriture, du commerce ou en jouant le rôle d'intermédiaire, cette personne est spontanément dans l'échange, la communication, et gravite de préférence dans les sphères de la pensée, des livres ou des médias. Elle a besoin de mouvement, de déplacements, de variété dans ses activités, et surtout d'échanges humains.

Soleil en Maison IV (correspondance avec le Cancer) : **fonder**

À cette maison est liée la notion de racine et de foyer. Soit que la famille reste longtemps un repère, comme dans le cas d'une entreprise familiale ; soit que cette personne ait à cœur de fonder sa propre famille, qui sera le centre de son existence ; soit qu'elle soit motivée par la création d'un foyer spirituel, comme une entreprise, un centre, un lieu de vie, une association.

Soleil en Maison V (correspondance avec le Lion) : **créer**

Le jeu, les loisirs et l'élan créateur forment le domaine de prédilection de cette personne. Très proche des enfants et de ceux qui savent profiter de l'instant, c'est aussi quelqu'un qui prend un grand plaisir à créer et à se voir à travers ses œuvres. Sa productivité est grande, mais elle est plus liée à la notion de besoin, de plaisir, qu'à celle de travail ou de contrainte.

Soleil en Maison VI (correspondance avec la Vierge) : **servir**

Cette personne a tendance à centrer sa vie autour du travail, des devoirs et des contraintes extérieures comme intérieures, c'est-à-dire dictées par sa santé. La notion d'efficacité et d'utilité est centrale, comme tout ce qui tourne autour de la technique, de la santé, de la diététique, et d'une façon générale, du bon fonctionnement des choses.

Soleil en Maison VII (correspondance avec la Balance) : **(se) lier**

Pendant une partie de la vie, relative suivant chacun, cette personne cherche chez l'Autre son Soleil. Être en relation lui est indispensable, puisqu'elle délègue au partenaire la partie brillante, rayonnante, créatrice, d'elle-même. Dans la relation, elle aura tendance à tenir un rôle lunaire ou saturnien[1]. À l'occasion d'une phase de crise, ou de son mariage, elle prendra conscience qu'elle a aussi un projet, un désir propre et s'imposera progressivement, peut-être en s'associant (avec son conjoint ?) : toute forme de contrat lui permet de récupérer son potentiel et de s'épanouir.

Soleil en Maison VIII (correspondance avec le Scorpion) : **(se) transformer**

Sujette aux crises, tourmentée, cette personne est d'abord en conflit avec son environnement, dont elle se sent victime – ou exclue. Pendant toute une partie de sa vie, elle perçoit le monde des autres comme hostile et peut s'identifier à un statut de victime et suivre une conduite d'échec, aussi bien dans sa vie privée que professionnelle. Lorsqu'elle prend conscience qu'elle s'enferme elle-même dans les problèmes qu'elle subit, elle va s'ouvrir au monde pour lui apporter sa force de pénétration psychique, son pouvoir de guérison et de transformation. Elle pourra alors transmuter les pulsions destructrices qui l'avaient d'abord animée en pure énergie de vie et de conscience.

Soleil en Maison IX (correspondance avec le Sagittaire) : **savoir**

La créativité de cette personne peut s'épanouir dans l'enseignement, et dans toutes les disciplines de la connaissance et de la culture. L'étranger peut également avoir un rôle décisif, soit que la destinée s'y joue, soit que la personne soit amenée à voyager souvent. Il y a là un grand besoin d'espace, d'oxygène, et d'ouvertures intellectuelles et spirituelles, sur le plan intérieur.

Soleil en Maison X (correspondance avec le Capricorne) : **réussir**

Pour cette personne, il est important de faire carrière ; son autorité naturelle et son ambition, l'énergie qu'elle mettra très tôt pour se donner les moyens d'atteindre ses objectifs seront

---

1. *Cf.* p. 36-38.

ses atouts. Elle aura tendance à juger ses semblables sur la place qu'ils ont dans la société ; la reconnaissance sociale est un important critère de valeur de l'individu.

Soleil en Maison XI (correspondance avec le Verseau) : **participer**

Cette personne saura très tôt se constituer des connaissances, un réseau relationnel qui va lui permettre d'avancer. On peut nommer « chance » cette faculté naturelle à s'entourer des bonnes personnes, à se faire aider et propulser. C'est quelqu'un qui saura s'intégrer dans le groupe et en mobiliser l'énergie. Œuvrer en équipe est son fonctionnement naturel.

Soleil en Maison XII (correspondance avec les Poissons) : **se sacrifier**

Il y a un côté « je ne suis pas d'ici » chez cette personne qui préfère la solitude, la méditation et la fréquentation des lieux retirés à l'agitation du monde. Elle se passionne pour l'envers du décor, les questions philosophiques et religieuses, les mystères de l'invisible, l'étude de l'inconscient ou de la folie. Il peut y avoir un sentiment confus de faute originelle, d'existence non désirée : dans ce cas, cette personne peut être porteuse d'un secret de famille qu'elle est venue élucider. La quête spirituelle est le chemin de la Maison XII.

Le signe des Gémeaux

Le signe des Gémeaux en bref

Données traditionnelles	
Soleil en Gémeaux	Environ du 21 mai au 21 juin
Saison	La fin du printemps : les feuilles, gorgées de chlorophylle, rejettent l'oxygène dans l'air
Symbole	Deux jeunes jumeaux dansent en se tenant par la main
Planète	Mercure
Élément	Air
Couleur	Gris
Polarité	Androgyne-masculine
Plantes	Narcisse, verveine
Métaux	Mercure, argent
Pierres	Béryl, aigue-marine
Parfum	Muguet
Correspondances physiologiques	Poumons, système nerveux, bras et mains
Tempérament	Nerveux ou sanguin, en fonction de la dominante du thème
Pays et villes	Belgique, Sardaigne, États-Unis, Égypte, pays de Galles, Londres, San Francisco
Affinités	• Idéal avec le Verseau • En harmonie avec les Bélier, Gémeaux, Lion, Vierge, Balance • Complémentaire avec le Sagittaire et le Capricorne
Psychologie	
Type caractérologique	Une facette émotif, non actif, primaire et une facette non émotif, actif, primaire [1]
Signe particulier	Fait dix choses à la fois sans lâcher son téléphone
Loisirs	Téléphoner, discuter, bavarder, écrire, organiser des rencontres, des soirées, des expos, des concerts…
Rêve avoué	Avoir plusieurs vies en même temps
Fantasme secret	Changer de sexe pour voir

Cauchemar	Rester huit heures par jour vissé à son bureau sans parler à personne
Phobie	Le silence
Faiblesse	La dispersion
Force	Le sens de l'improvisation
Poignée de main	Légère, nerveuse, rapide
Objet fétiche	Un téléphone mains libres
Style, look	Différent chaque jour ; dans l'idéal, déguisé
Analogies	
Mythe symbolisant les Gémeaux	Les Dioscures Castor et Pollux, fils de Léda ; Pollux était l'enfant de Zeus, tandis que Castor avait pour père Tyndare. Leurs existences inséparables, leur affection fraternelle sont attestées par les récits de leurs aventures et par les œuvres d'art qui les représentent la main dans la main et souvent leurs deux profils superposés dans une médaille. Ils ne se quittèrent jamais. Ils enlevèrent les filles du roi Leucippos, qui étaient fiancées à leurs cousins. Les fiancés poursuivirent les deux ravisseurs et Castor fut tué. Pollux, immortel, ne fut que blessé, mais ne se consola pas de la mort de son frère. Zeus lui accorda la faveur de partager son immortalité avec Castor un jour sur deux[2].
Fonction des Gémeaux dans le zodiaque	Communiquer, mettre en relation, élargir le champ des contacts
Instrument de musique préféré	Un harmonica accompagné à la guitare
Sports	Tir à l'arc, rallye auto-moto, vélo, tennis, ping-pong, volley-ball, acrobatie. Sports d'adresse et de vitesse
Quelques Gémeaux célèbres	Schumann, Sade, Sartre, Marilyn Monroe, Gérard Philipe, J.-J. Cousteau, Miles Davis, Johnny Hallyday, Claude Brasseur, Guy Bedos, Alain Souchon, Brigitte Fossey, Sandrine Bonnaire, Bernard Giraudeau, Chantal Goya, Johnny Depp, Kristin Scott Thomas...

1. *Cf.* René Lesenne, *Traité de caractérologie*, PUF, coll. « Logos », 1945 (1re éd.).
2. *Cf.* F. Guirand et J. Schmidt, *Mythes et Mythologie, Histoire et Dictionnaire*, Larousse, 1996.

Portrait astrologique

Rappelons que le signe solaire ne suffit pas à décrire une personne. L'humanité ne peut se diviser en douze types distincts : le Soleil n'est qu'une partie du thème qui ne se conçoit, en réalité, qu'en fonction du tout... ce qui rend chaque thème et chaque individu unique (et irremplaçable !). Toutefois, la place du Soleil est majeure dans le thème : dans la théorie astrologique, le Soleil représente le Moi, la conscience d'être, le désir (ce que nous voulons faire de notre vie, comment nous voulons briller), la créativité et la vision du monde de l'individu - ces deux choses étant liées : nous sommes créateurs de notre vie en fonction de ce que nous en attendons, de notre regard sur elle.

Cela étant, j'aimerais répondre à une question qui se pose parfois : pourquoi certains natifs des Gémeaux ne sont-ils pas caractérisés par leur signe ?

Considérons trois cas de figure classiques :

1. Au lieu d'affirmer son indépendance, l'enfant confirme sa dépendance : c'est le **statut lunaire**.

À la naissance, nous sommes vulnérables et dépendants ; nous sommes d'ailleurs les seuls mammifères à demeurer si longtemps dépendants, à prendre tant de temps à nous construire. Pendant ce temps, notre vie tourne autour de notre mère, comme la Lune autour du Soleil ; elle nous nourrit, nous protège, nous vivons à travers elle. Nous sommes alors dans un statut « lunaire » (et notre mère tient un rôle « solaire »). À ce stade, le tempérament de l'enfant est décrit par la Lune de son thème (et par son Ascendant, qui reste une constante), tandis que son Soleil natal est projeté sur la mère. Par exemple, si le bébé est né sous le signe des Gémeaux, avec une Lune en Cancer et un Ascendant Poissons, il sera plutôt caractérisé par un tempérament Eau (Cancer/Poissons) et son Moi (Gémeaux) sera encore en sommeil, la mère jouant pour lui le rôle de Soleil, rayonnant, créateur et source de vie.

À l'âge de un an environ, le bébé est suffisamment construit pour commencer à prendre sa place en tant qu'individu : il commence à dire non, à se positionner contre sa mère, à affirmer sa volonté. C'est le stade de l'« enfant-roi », ou encore stade « solaire ». C'est ici que l'enfant commence à incarner les caractéristiques de son signe, tandis que sa Lune natale est projetée sur la mère (et plus tard, si c'est un homme, sur la femme). Si tout se passe bien, il y a inversion des pôles – et des rôles.

Mais tout ne se passe pas nécessairement de façon fluide, « normale » – c'est même plutôt rare. Parfois, l'enfant sent obscurément que sa mère l'aimera *moins* s'il affirme son indépendance et sa volonté. Cela peut se produire lorsque la mère refuse de permuter les rôles, de devenir « l'esclave de son enfant » et demeure en position de pouvoir. Celui-ci, ne pouvant pas intégrer son Soleil, régressera vers son statut lunaire, passif, malléable d'enfant sage – et dans les jupes de sa mère.

Dans ce cas, l'enfant sera reconnaissable aux caractéristiques de sa Lune natale, mais pas du tout à celles de son signe solaire... Arrivé à l'âge adulte, il devient difficile (dans notre société) de rester dans ce rôle – mais pas impossible : il suffit de se mettre en situation de dépendance matérielle, affective... vis-à-vis d'un partenaire (d'un parent, d'un mari, d'une femme plus riche, ou d'un enfant qui devient le centre du monde) qui tiendra le rôle de Soleil. C'est le cas d'une femme au foyer, ou de l'artiste qui se fait prendre en charge, par exemple. On retrouve cette règle dans la Tradition, où le Soleil représente souvent le mari dans le thème de l'épouse. Dans ce cas, les caractéristiques « Gémeaux » seront peu ou pas apparentes chez cette personne, tant qu'elle n'aura pas fait un travail sur elle-même pour retrouver son Soleil, autrement dit son désir propre.

2. Au lieu de s'affirmer, l'enfant se renferme sur lui-même : c'est le **statut saturnien**.

Il peut aussi se produire que, dans les premières années de son évolution, l'enfant ne puisse pas développer sa volonté solaire - parce qu'il en sent l'interdiction implicite - mais ne s'autorise pas non plus à régresser vers un statut lunaire - parce qu'il atteint l'âge où l'on attend de lui qu'il soit « raisonnable ». Ne pouvant ni s'exprimer librement, ni se pelotonner dans une dépendance, il va se réfugier dans une autre sous-personnalité : Saturne, le Surmoi, le parent intérieur. S'il est souvent laissé à lui-même, par exemple, il va devenir autonome rapidement, apprendre à raisonner comme un adulte, mais sans être passé par la case « Soleil », ce qui en fera plus tard un adulte prématuré et manquant de confiance en lui, de créativité, de légèreté, de joie de vivre. Il devra, lui aussi, au cours de sa vie, cheminer intérieurement pour retrouver son désir et la source de sa joie. Dans ce cas de figure, le signe solaire est escamoté ou diminué : c'est dans les caractéristiques du Saturne natal que l'individu se reconnaîtra.

3. L'empreinte parentale et l'histoire familiale : **aspects des planètes lentes au Soleil**.

Dernier cas de figure expliquant qu'un Gémeaux ne ressemble pas à un Gémeaux : l'enfant va copier un modèle de comportement parental. Il va donc *réduire* les caractéristiques de son signe, les *tordre* pour les faire entrer dans une petite case. Ces comportements sont visibles dans le thème. Dans le cas d'un Soleil en Gémeaux, par exemple, qui serait imprégné d'un modèle parental saturnien - respectueux des lois et des usages, structuré, organisé à long terme, raisonnable, pondéré (toutes caractéristiques antinomiques avec le Gémeaux) -, le modèle parental, c'est-à-dire la forme, le moule, primera sur l'être, c'est-à-dire le fond. On verra davantage le côté saturnien que le côté Gémeaux chez cette personne, jusqu'à ce qu'un travail personnel puisse rendre la personne libre d'adhérer, ou de se distancier, de ce comportement acquis.

Voilà pour les cas particuliers. D'une manière générale, chaque Gémeaux (et chaque signe) est de toute façon différencié d'un autre par la totalité du thème et plus spécifiquement par tout ce qui modifie et caractérise son Soleil natal. En premier lieu, le signe occupé par Mercure (maître des Gémeaux) colore le Soleil : un Gémeaux avec un Mercure en Scorpion sera presque autant caractérisé par le Scorpion que par les Gémeaux[1]...

Revenons au signe des Gémeaux.

Le bébé, l'enfant et l'adolescent

Le bébé Gémeaux

Le nourrisson, satellite dépendant de sa mère, est plutôt défini par le signe de sa Lune natale que par son signe solaire. À partir du moment où il marche, le bébé acquiert de plus en plus d'autonomie et commence à affirmer ses quatre volontés : c'est le stade de l'« enfant-roi ». Ce n'est qu'à ce moment-là que le bébé, progressivement, « devient un Soleil » à part entière et qu'il adopte les caractéristiques de son signe solaire.

Vers un an, donc, le signe solaire commence à se déceler plus précisément. Votre bébé Gémeaux est intelligent et précoce : il apprendra à parler plus vite que les autres - ou bien aura plus de facilité pour écrire, plus tard. Il est fasciné par les mots, par le langage : il parle tout seul, s'entraîne à formuler tous les sons possibles... Parlez-lui : il en a besoin plus qu'un autre, et c'est indispensable au développement de son intelligence. Comédien, mobile, volubile, votre petit Gémeaux ne pèse pas plus lourd qu'une plume et ne tient pas en place. Son insatiable curiosité le tient sans cesse en éveil. Il touche à tout, s'engouffre dans les recoins les plus impossibles, essaye tout (les doigts dans les prises, les tubes, boîtes et bouteilles qui traînent...), écoute tout : extraordinairement ouvert sur le

---

1. Les notions de statuts lunaire, solaire et saturnien, ainsi que cette *Théorie des Actants*, sont issues de l'astrologie structurale.

monde qui l'entoure, très sensible aux sons, il a les oreilles grandes ouvertes, assimile et enregistre tout ! Ne comptez par sur lui pour jouer tout seul ou se concentrer sur un jeu : il ne peut pas se couper de ce qui l'entoure, même pour une seconde ! Il a besoin de se sentir toujours disponible, en éveil, à l'écoute de ce qui se passe autour de lui.

L'enfant Gémeaux

Vous n'aurez pas de souci à vous faire pour sa première journée de crèche ou de maternelle : hypersociable, il aura tôt fait de se faire une myriade de copains. Faire le pitre est sa façon d'attirer l'attention et de se faire apprécier : il distribue le rire et la bonne humeur autour de lui.

Très vite, d'ailleurs, les copains l'intéresseront beaucoup plus que sa famille. Il supporte mal les contraintes, surtout celles de l'enfermement : il y a tant de choses à voir, à connaître ! Il est irrésistiblement attiré par le monde extérieur, prodigieusement intéressé par les faits et gestes de chacun. Du reste, ses parents ont du mal à suivre : c'est un feu follet qui ne vous laisse pas en paix une seconde, vous harcèle de questions et trouve toujours une farce à faire. Sa vivacité, son adresse et son intelligence en font un enfant agité, joyeux, joueur. Il s'intéresse à tout, mais détourne son attention au moindre souffle de vent : difficile pour un petit Gémeaux de se concentrer, de ne faire qu'une seule chose à la fois, d'aller au fond des choses alors qu'il comprend tout si vite ! Il y a tant d'événements qui se produisent à chaque seconde, et sa sensibilité au monde extérieur est tellement exacerbée...

Nerveux et éveillé, il aura certainement de la facilité à l'école – trop de facilité, peut-être, d'où le risque qu'il s'ennuie. Approfondir ne l'intéresse pas : pour retenir son attention, il a besoin que les informations se succèdent, circulent, que tout aille vite. Dès que le rythme ralentit, il trouve un moyen de s'évader, d'envoyer des petits mots à ses camarades ou de planquer sa Game Boy sous le pupitre... Malgré son tempérament agité, le Gémeaux n'est pas un sportif : l'effort physique l'ennuie, mais le jeu le stimule ; orientez-le plutôt vers le tennis, le ping-pong ou les sports d'équipe. Ce sont surtout les loisirs intellectuels qui l'intéressent : après avoir été fasciné par l'écriture, il sera attiré par les livres, puis les langues. Tout ce qui peut permettre à un Gémeaux de communiquer est bon à prendre !

Le Gémeaux étant un signe androgyne (comme le montre le symbole des deux enfants), il n'y a pas de différence notable entre le petit garçon et la petite fille du signe, jusqu'à un âge plus avancé.

Parvenu à l'âge adulte, quel est le **comportement de surface** du type Gémeaux ?

Comportement et psychologie

Un être de rencontres

Amical et souriant, le Gémeaux va vous accueillir avec un plaisir contagieux : il n'aime rien de plus que les rencontres, car celles-ci jalonnent sa vie de façon décisive. Selon lui, rien n'arrive sans une rencontre, rien ne s'invente, ne se crée, sans cet échange plein de promesses entre deux personnes – et inversement, une vie de solitaire n'a pas de sens. C'est un pragmatique : la rencontre l'intéresse moins pour les qualités d'âme de son interlocuteur que pour ce qu'il fait dans le monde, pour ses relations, ses besoins et ses ressources (le Gémeaux a toujours dans un coin de sa tête un signal qui s'allume dès que peut s'effectuer une relation entre deux situations, un rapprochement entre deux besoins).

Cependant chaque personne, en tant qu'elle représente une manière particulière de regarder et de vivre dans le monde, l'intéresse ; cela fait partie de son goût pour l'*expérimentation* : chaque individu recèle en quelque sorte une expérience à partager, un processus mental à déchiffrer, générant des idées particulières. C'est cela, en dernière analyse, qui intéresse le Gémeaux. Avec ce premier signe d'Air, nous entrons ici dans le monde du mental (et non pas de l'esprit, qui viendra à partir de la Balance pour aboutir au Verseau), de l'intellect et des idées. Pris dans son tourbillon incessant de pensées et d'émotions, le Gémeaux cherche (et trouve) dans la rencontre une somme d'informations précieuses (*information* est le principal mot du vocabulaire Gémeaux). Celles-ci lui permettent de circonscrire ses émotions, de préciser sa pensée, d'élaborer des repères intellectuels et intelligents dans un monde chaotique et changeant.

L'amour des mots

Le Gémeaux représente la première tentative de contrôle (dans le sens d'appréhension) du réel par l'intelligence et surtout par les *mots*. Si l'on part du principe, comme Dane Rudhyar[1], que le cycle du zodiaque retrace les phases de l'expérience humaine, la phase Gémeaux correspond au stade du langage. Il s'agit de nommer les choses. Leur donner un nom, c'est les circonscrire dans un périmètre défini, c'est instaurer un repère objectif sur la réalité. Grâce à la parole, se fait bien sûr l'échange, mais avant cela il se produit une emprise mentale sur le réel. D'où cette passion du Gémeaux pour expliquer, disserter, délimiter le tourbillon mouvant de ses perceptions. Son amour des mots est proprement jubilatoire. Seule une personne marquée par le Gémeaux ou par Mercure (son gouverneur) peut saisir toute la jubilation dont le mot est porteur : le mot désigne une chose, en reconnaît donc l'existence, l'inscrit dans un registre, l'objective. Autant le Cancer trouvera dans le mot la poésie d'une évocation subjective, autant le Gémeaux utilise le mot comme un outil qui, d'une part, donne une forme objective à son ressenti (qui en devient moins bouleversant), d'autre part lui permet de transmettre ce ressenti. Le mot est cette clé merveilleuse dont le Gémeaux se sert pour sortir de son univers chaotique et rentrer dans le réel[2].

Un don d'ubiquité

Autre caractéristique du Gémeaux : sa vivacité, son don d'ubiquité, son air de ne pas toucher terre et de faire plusieurs

---

1. Dane Rudhyar, *Le Rythme du zodiaque*, Éditions du Rocher, 1981.
2. Le Gémeaux J.-P. Sartre en a fait le titre de l'une de ses œuvres : *Les Mots*...

choses à la fois. De fait, il sait tout faire de ses dix doigts. La main est d'ailleurs l'organe qui lui correspond. Il est doué d'une dextérité de cambrioleur, d'une virtuosité de pianiste ; il est habile, débrouillard, trouve toujours la solution à laquelle personne n'avait pensé, quitte à utiliser des outils fantaisistes pour réparer – et se passe des modes d'emploi pour utiliser ses outils, même les plus sophistiqués. Partout à la fois, il ne peut rester longtemps au même endroit : c'est le roi des déplacements, l'as de la bougeotte. Jeter l'ancre n'est pas son fort : c'est dans le mouvement qu'il se sent le plus vivant.

Un incorrigible bavard

Toujours pressé, agité et occupé, il est la dualité incarnée : ne pouvant concentrer son attention ou son action sur un seul sujet, il donne souvent l'impression d'être en apesanteur, de ne pas écouter vraiment, ou d'être à l'affût de l'occasion où il pourra se remettre à parler. Car si le Gémeaux est considéré comme le signe de la communication, c'est surtout le signe de l'expression verbale. Un Gémeaux qui se tait s'agite sur sa chaise, fume, se ronge les ongles ou tripote nerveusement ce qui lui passe sous la main. Il ne peut pas tenir bien longtemps en place. C'est que la parole, plus que sa nature, est sa raison d'être, son moteur. De plus, le silence le met mal à l'aise : dans son univers, le son tient une place de choix, qu'il s'agisse de la radio, de la sonnerie du téléphone, de la musique ou de la parole.

Les deux visages du Gémeaux

Les quatre signes mutables ont comme caractéristiques de se partager en deux facettes distinctes. C'est ce que l'on entend par signes doubles. Il ne s'agit pas de duplicité mais de dualité interne. Le mutable (la Vierge, le Sagittaire et le Poissons sont les trois autres) a cela de caractéristique qu'il ne supporte pas d'être défini, délimité, rangé dans une case, un style ou une fonction. De la même manière, il tient à sa liberté comme si sa vie en dépendait. Pourquoi ? parce que la fonction fondamentale du mutable est une fonction d'échange – échange qui va prendre les caractéristiques du signe – et que cet échange, ce va-et-vient, demande une disponibilité et une mobilité constantes. Le propre du mutable est le mouvement, seule condition pour s'adapter à l'instant. Tout entiers dans l'*ici et maintenant,* toutes antennes sorties, les signes mutables dansent avec le mouvement de la vie.

On connaît souvent un Gémeaux sous une de ses facettes, et l'on ignore l'autre. Quand on croit le connaître, on n'en perçoit que la moitié. À chacune de ces facettes correspond un type de situation et d'environnement. L'une a tendance à se vivre de façon publique, l'autre en privé – ou en rêve, de façon purement fictive.

La première facette est celle du « journaliste » ; un personnage actif, à l'affût de l'actualité (ou des potins), de ce qui se passe de nouveau – le Gémeaux est toujours au courant des dernières nouvelles, sait où se trouver pour assister à un événement, rapporter ce qu'il a vu, mettre en relation des gens qui pourraient être intéressés par l'événement, jouer le rôle d'agent, d'intermédiaire, de médiateur, de rapporteur...

Ce personnage vit dans un univers concret, tangible, matériel, où tout a une explication rationnelle. Le monde des idées, du langage et de la communication est le sien. Il est comme un poisson dans l'eau dans les métiers liés à la radio (surtout), à la télévision (animation...) et à la presse (reporter). Il tire profit de son activité d'échange, de son travail littéraire (critique, par exemple) ou d'agent. Il se déplace par tous les modes de transports possibles, essayant sans cesse de suivre (et si possible d'anticiper) le monde dans sa course et de jouer son rôle d'*intermédiaire.* C'est un joueur, un jongleur, un acrobate ; pour lui, il n'y a jamais de réels problèmes, mais des solutions à tout. C'est l'as du système D !

La seconde facette est celle du « poète », un personnage extrêmement émotif, à fleur de peau, inquiet, toujours sur le qui-vive et pris dans un tourbillon incessant d'émotions changeantes. Quelqu'un pour qui la vie amoureuse, on le devine, est centrale, mais qui a le plus grand mal à être comblé, parce que, au fond, il ne cherche pas la stabilité mais l'expérimentation de la plus grande palette possible d'émotions. On a beaucoup comparé ce type de Gémeaux au comédien, à l'Arlequin, à Jean-de-la-Lune. C'est Gérard Philipe (Gémeaux) et ses Belles de nuit... La poésie, l'art se conjuguent avec une sensibilité très fine, très mobile - il ne s'agit pas de peinture au couteau, encore moins de sculpture, mais plutôt de musique, des mots comme des sons. Fin, fragile, sensible, perméable et subtil dans ses émotions, cette facette n'a plus rien à voir avec la précédente, et pourtant les deux coexistent, réellement ou fantasmatiquement, dans la même personne.

Cela se décèle dans les situations de crise, de danger ou de stress : alors, le Gémeaux terre à terre devient émotif et irrationnel, tandis que le poète devient rationnel, matérialiste, raisonneur...

Un être insaisissable

On ne peut jamais saisir un signe double - et peut-être le Gémeaux moins encore que les trois autres, du fait que son élément (l'Air) se combine à son caractère mutable. Complexe, lui-même perdu dans ses propres contradictions, mentalement toujours en mouvement, il est sans repos et sans trêve, à la recherche de ce double qui n'est qu'à l'intérieur de lui...

Le Gémeaux et sa santé

Il n'est pas d'une constitution particulièrement solide, mais ses troubles sont souvent passagers et superficiels. Son tempérament nerveux et inquiet l'expose principalement aux troubles nerveux et respiratoires, voire aux troubles du comportement (anxiété, agitation, importantes variations d'humeur de type maniaco-dépressif) dans les cas graves. L'oxygène, les promenades au grand air, la marche et le jogging, tout ce qui peut l'amener à réguler sa respiration (souvent saccadée) lui font le plus grand bien ; en revanche, les excitants (tabac, café, thé...) sont à proscrire !

Le Gémeaux et le travail

Il n'est pas à proprement parler, par nature, un travailleur acharné. Éternel adolescent en quête d'école buissonnière et d'expériences nouvelles, il a besoin d'être motivé par un élément extérieur pour agir. Un travail répétitif, dans un espace confiné, et ne comportant aucune forme d'idée, d'information ou de communication (et pas un seul téléphone !) et c'est l'étiolement rapide. Toute son énergie se situe dans le mental et le système nerveux ; le Gémeaux doit donc être en situation de réfléchir, de mettre ses neurones au travail, de chercher des solutions, d'inventer de nouveaux outils, d'apprendre de nouvelles techniques (pour communiquer surtout : les théories de type programmation neurolinguistique ou analyse transactionnelle sont complètement dans le registre du signe). En outre, il faut que son activité lui permette, dans l'idéal, de nourrir sa facette « poète », autrement dit de pouvoir éprouver, et exprimer, une émotion, peut-être à travers le jeu, le rire, la parodie, la comédie, l'écriture, la musique... Enfin, le métier doit comporter des déplacements, des voyages, nécessiter des improvisations en permanence.

Une caractéristique du signe (et notamment du Milieu-du-Ciel en Gémeaux[1]) est la disposition à exercer, simultanément ou successivement, deux activités.

Parmi les métiers typiquement Gémeaux, on trouve ceux qui sont liés :

– au commerce ;

– à la communication, à l'information et au langage : traducteur, professeur (instituteur notamment), linguiste, écrivain, critique littéraire, éditeur, journaliste, reporter, animateur radio ou TV, formateur, publiciste (travaillant avec les mots, et non les images - qui concernent le Cancer) ;

– au jeu, à l'humour et à l'habileté physique : trapéziste, clown (tous les métiers du cirque), humoriste, illusionniste, gentleman cambrioleur, joueur de tennis, de ping-pong, pilote automobile...

---

1. Pour plus de précisions, vous pouvez consulter mon service Audiotel : 0892 68 27 80 (0,34 € la minute).

Le Gémeaux et l'argent

L'attitude typiquement Gémeaux est assez caractéristique. Tout d'abord – comme beaucoup de choses qui le concernent – elle est irrationnelle et changeante. Ensuite, elle est ambiguë, pour ne pas dire contradictoire. De par sa nature légère et adolescente, qui ne supporte rien moins que les limites et les contraintes, le Gémeaux honnit les restrictions. On conçoit donc que l'économie et la gestion ne soient pas sa tasse de thé. Donc, il dépense – tant qu'il a de l'argent.

Lorsqu'il n'en a pas, ce n'est pas un problème : il continue à dépenser. Il arrivera bien quelque chose qui régularisera la situation ; il compte sur sa bonne étoile, ou plutôt sur une sorte de processus naturel, de l'ordre de la magie, qui s'occupe de remettre les choses en ordre. De toute façon, pas question de penser à demain : le Gémeaux est le prototype de la cigale.

L'autre aspect caractéristique est, pourrait-on dire, d'ordre moral. L'exil[1] (position inconfortable) de Jupiter (symbole de l'opulence, de la richesse), dans ce signe, met le Gémeaux mal à l'aise avec l'idée de gagner de l'argent. Être riche, chercher le profit, posséder, ce n'est pas ce qu'il cherche, et il le clame haut et fort ; jusqu'à parfois se saborder lui-même lorsque l'occasion se présente de faire un gain substantiel... En somme, le Gémeaux a tout intérêt à se trouver un conjoint (ou un associé) terrien – donc gestionnaire – s'il veut préserver une situation économique à peu près stable !

---

1. Domicile, exil, exaltation et chute : il s'agit là des dignités des planètes, autrement dit de leurs correspondances avec les signes. Dans le thème natal, une planète n'a pas la même signification dans son signe d'exil que dans son domicile. Inversement, on peut analyser et comprendre un signe en étudiant les dignités des planètes dans ce signe.

Le Gémeaux et l'amour

Son côté poète, romanesque (même s'il n'est pas visible à tous) le prédispose très tôt aux jeux et aux troubles de l'amour. Bien loin d'un Capricorne, par exemple, attendant la perle rare avant de s'engager, le Gémeaux expérimente les aventures amoureuses avec une curiosité toujours en éveil. Cela peut ne rester qu'au stade du fantasme, l'éducation pouvant l'empêcher de vivre ses expériences comme il l'entend. Mais sa nature est de butiner, de faire de nouvelles rencontres, d'éprouver toutes les émotions possibles, sans chercher à les fixer, à s'engager ou à posséder l'autre. Si le Gémeaux est probablement le plus sociable des signes, c'est aussi le plus libéral qui soit : la liberté est une condition vitale pour lui-même, aussi la conçoit-il pour tous. Il prendra garde de ne pas s'aventurer sur des terrains de relations trop fusionnelles ou trop possessives. Un Scorpion y verra de l'indifférence, ou une incohérente duplicité. Ce n'est ni l'un ni l'autre : seulement une façon de vivre, celle d'être toujours dans le mouvement, toujours dans l'instant qui passe, de s'attacher passionnément – mais l'espace d'une seconde. Le Gémeaux n'a pas une libido puissante et se plaît surtout à séduire, à flirter, à faire naître les émois, les désirs, à échanger des regards, des mots, des lettres... Passer à l'acte devient très secondaire et peut surtout – c'est son inquiétude – priver l'expérience de son caractère ludique, onirique et léger. Départs, retours, virevoltes, il ne s'attache ni ne se détache : il est là où passe la vague de l'émotion, part sans laisser d'adresse, revient quand on ne l'attend plus... Heureusement que son autre facette le force tout de même à afficher un semblant de cohérence et de continuité dans ses sentiments ! Mais le grand défi du Gémeaux, seule condition à trouver enfin un apaisement – peut-être –, c'est d'apprendre à sortir assez de lui-même pour éprouver les émotions de l'*Autre*, et le *comprendre* enfin. Jusque-là, l'amour lui sert surtout à se comprendre lui-même.

La femme Gémeaux

Drôle, gaie, capricieuse, enfantine, charmeuse, c'est une véritable comédienne. Elle sait jouer de tous les registres pour vous enrouler autour de son petit doigt. La communication, le contact humain, la discussion d'un côté, l'écriture, la poésie, les échanges épistolaires de l'autre, c'est dans ce monde du verbe qu'elle excelle, qu'elle s'épanouit avec bonheur. Plus que l'homme du signe, elle montre un irrépressible besoin de parler et ne tient pas en place. En amour, elle se passionne pour les rencontres, les commencements, les mots doux, le flirt… Mais il lui faut prendre un peu de bouteille avant de concevoir une relation stable sans que cette pérennité ne signifie ennui et répétition. Le mariage et la maternité sont rarement ses priorités, car sa liberté lui est chère, surtout celle d'aller et venir sans contrainte, de sauter dans un train ou dans un avion au gré de sa fantaisie, ou de mener sa vie professionnelle comme elle l'entend. Légère et aussi changeante et insaisissable qu'un papillon, elle est charmée par l'humour et l'esprit : les vertus de l'intelligence tiennent pour elle le premier rang, après quoi viennent celles du tact, puis de l'indépendance.

À condition d'incarner son Soleil, elle exprimera les qualités propres à son signe ; tandis que si elle projette ce Soleil en Gémeaux sur son mari, par exemple[1], elle aura plutôt tendance à s'identifier à sa Lune, ou à son Saturne natal. On ne retrouvera dans ce cas quasiment aucune des caractéristiques du Gémeaux dans sa personnalité.

---

1. *Cf.* p. 37.

Le Gémeaux et son Ascendant

Gémeaux Ascendant Bélier

Votre univers, c'est le monde sensible, visible, palpable : vous êtes un pragmatique, aux idées concrètes, aux raisonnements logiques et souvent imparables. Vous allez dans la vie avec confiance en vous, dans un esprit ludique et juvénile qui attire la sympathie. Peu enclin à la réflexion et à l'introspection, il vous faut du temps avant d'acquérir maturité et expérience : vu de l'extérieur, on a souvent l'impression que vous foncez tête baissée dans les mêmes pièges et les mêmes mirages, avec une confiance confondante. Il est vrai que votre manque de recul est largement compensé par une intuition fine et une belle intelligence du monde. Vous savez quelles ficelles tirer, quelle action entreprendre pour obtenir ce que vous voulez, et en général vous êtes payé en retour. Côté cœur, on vous reproche souvent un certain égocentrisme et un côté séducteur, conquérant – mais on apprécie votre joie de vivre, votre faculté à rebondir et votre énergie contagieuse. Votre *alter ego* est la Balance. Les signes occupés par Mercure et Mars dans votre thème enrichiront et affineront ce portrait.

Gémeaux Ascendant Taureau

Vous n'êtes pas de ces Gémeaux impondérables et intarissables, mais appartenez au contraire à une catégorie plus terrienne, qui vit dans le concret et recherche en toute chose l'efficacité, la productivité. Vous êtes quelqu'un de très tactile, vous avez besoin de toucher les gens quand vous leur parlez, de sentir leur présence physique. Très pragmatique et rationnel dans vos propos, vous êtes peu curieux de tout ce qui sort du cadre du scientifiquement prouvé (comme l'astrologie) et ne semble pas avoir d'utilité tangible et immédiate. Vous avez besoin de vous construire un territoire, une famille, et d'assurer à vos proches une vie confortable. De tempérament positif, vous ne vous laissez pas décourager par les obstacles et savez faire feu de tout bois pour parvenir à vos fins. Côté cœur, vous êtes passionné, mais exclusif et jaloux !... Votre *alter ego* est le Scorpion. Les signes occupés par Mercure et Vénus dans votre thème enrichiront et affineront ce portrait.

Gémeaux Ascendant Gémeaux

Lorsque le signe et l'Ascendant se trouvent dans le même signe (ou voisins), il se présente deux cas de figure : le Soleil se trouve au-dessus de l'horizon – ou en dessous[1]. Seul un astrologue peut vous le dire, mais si le Soleil natal se trouve dans le premier décan (ou le deuxième), et l'Ascendant dans le deuxième (ou le dernier), autrement dit *après* le Soleil, vous pouvez être sûr que votre Soleil se trouve au-dessus de l'horizon, c'est-à-dire dans la Maison XII[2]. Dans ce cas, les caractéristiques propres au signe solaire sont assez masquées au départ et ne se révéleront qu'à travers un véritable chemin de vie initiatique. Dans le cas contraire, le Soleil se trouve dans la Maison I, ce qui rajoute au signe natal une forte valeur solaire (comparable à un côté Lion pour simplifier).

Dans les deux cas, l'Ascendant ne change pas : en Gémeaux, il vous dote d'une personnalité sociable, curieuse et mobile. Vous avez le don d'aller vers les autres et de vous lier facilement. De la même façon, vous savez vous tirer de toutes les situations avec une légèreté et une aisance qui en laissent certains pantois. L'Ascendant ayant un rapport avec le corps physique, vous avez de grandes chances (sauf contradiction dans le thème natal) d'avoir un corps svelte, nerveux, toujours en mouvement ; très expressif, votre visage change au gré de vos humeurs – c'est-à-dire en permanence. Vous êtes sensible au moindre souffle de vent, à la moindre variation d'atmosphère, au bruit et à l'agitation, et les troubles d'origine nerveuse, ou les troubles du système nerveux, font partie de vos fragilités. Côté cœur, vous êtes à la recherche d'une personne qui puisse vous ouvrir des horizons soit géographiques, soit philosophiques ou intellectuels.

Votre *alter ego* est le Sagittaire. Le signe occupé par Mercure dans votre thème enrichira et affinera ce portrait.

---

1. *Cf.* définition p. 26.
2. Pour le calcul de votre thème natal, vous pouvez consulter mon service Audiotel : 0892 68 27 80 (0,34 € la minute).

Gémeaux Ascendant Cancer

Votre comportement timide et plutôt farouche ne laisse guère deviner à quel point, au fond, vous êtes sociable et désireux de faire des rencontres, d'aller au-devant des gens. D'une sensibilité extrême, vous redoutez l'agressivité et ne vous sentez en sécurité que dans votre cocon, entouré de vos proches. La vie vous demande tout un travail pour apprendre à vous protéger sans pour cela fabriquer une carapace isolante. L'art est une nourriture qui vous réconcilie avec le monde et vous permet de communiquer avec les hommes. Le langage et la communication, dont vous avez besoin pour briller, ne sont pas aisément utilisés par votre Ascendant Cancer : vous avez besoin d'être en confiance pour vous exprimer, ce qui vous fait rater des occasions de rencontre – ce dont vous souffrez. Vous attendez d'un couple qu'il soit sécurisant, conforme à vos traditions familiales et fondé sur le respect, l'estime réciproque. Votre *alter ego* est le Capricorne. Le signe occupé par la Lune dans votre thème enrichira et affinera ce portrait.

Gémeaux Ascendant Lion

Vous n'avez aucune difficulté à vous intégrer dans la société et à y jouer un rôle brillant. Vous disposez de précieux atouts pour cela : le sens des contacts, l'assurance, le charisme, et le fait que vous vous sentez très concerné par votre rôle au milieu de la société humaine. Dans l'idéal, une position dirigeante, centrale, vous irait à merveille – et c'est ce que vous recherchez. Votre éloquence et votre vision positive des choses vous amènent facilement le suffrage d'autrui : vous êtes un séducteur ambitieux, et disposez d'un certain capital de chance. Côté cœur, votre grosse difficulté est de vous engager ; vous avez besoin de votre liberté, de votre autonomie, comme de l'air que vous respirez, et, si vous vous liez pour le meilleur et pour le pire, vous tiendrez parole au prix de gros efforts – ou d'entailles obligées au contrat... Votre *alter ego* est le Verseau. L'Ascendant en Lion donne davantage de poids au signe solaire. Le signe occupé par Mercure dans votre thème enrichira et affinera ce portrait.

Gémeaux Ascendant Vierge

Malgré un côté sociable et un réel plaisir à être en compagnie, vous êtes très pudique et silencieux sur vous-même. Vous êtes facilement pris par le souci du qu'en-dira-t-on (sauf dans vos accès de Vierge folle !) et par mille contraintes qui brident votre désir de légèreté et d'insouciance. Le travail s'écrit en majuscules dans votre dictionnaire personnel et vous y consacrez une énergie considérable. L'enseignement vous attire, ainsi que les métiers manuels demandant de la précision technique – et permettant le contact humain. Le système nerveux est particulièrement à surveiller ; du reste, vous êtes très à cheval sur la diététique et une bonne hygiène de vie. En couple, vous recherchez chez l'Autre cet élément de poésie que vous vous permettez rarement de vivre, bien que vous le portiez en vous. Votre *alter ego* est le Poissons. Le signe occupé par Mercure dans votre thème enrichira et affinera ce portrait.

Gémeaux Ascendant Balance

Vous êtes un véritable rayon de Soleil pour ceux qui vous côtoient ! Sociable, drôle, attentif aux autres, vous dégagez une légèreté pétillante qui séduit tout le monde. Les plus possessifs peuvent d'ailleurs vous reprocher cette constante disponibilité, qui les prive de votre présence exclusive. Mais votre nature vous porte vers les autres, car vous éprouvez un réel intérêt pour autrui, une curiosité toujours en éveil ; et vous avez besoin de rapports humains autant que de votre oxygène quotidien. Les métiers relationnels vous sont bien sûr tout attribués ; *a contrario*, vous vous étioleriez seul devant un ordinateur dans un bureau désert... Vous attendez d'un partenaire qu'il soit actif, combatif, entreprenant, et qu'il n'ait pas froid aux yeux ! Votre *alter ego* est le Bélier. Les signes occupés par Mercure et Vénus dans votre thème enrichiront et affineront ce portrait.

Gémeaux Ascendant Scorpion

Vous avez un sens psychologique aigu et une intuition très développée. Vous sentez immédiatement à qui vous avez à faire et démasquez sans difficulté les motivations secrètes ou inconscientes de votre interlocuteur. Cela vous aide à manœuvrer dans la vie avec une relative facilité pour obtenir ce que vous voulez et surtout préserver votre indépendance d'esprit : vous préférez manœuvrer qu'être manœuvré... Bien que vous ne le montriez pas toujours, vous êtes facilement submergé par vos émotions et vos pulsions, mais vous apprenez avec le temps à vous contrôler (surtout face aux autres). Sur le plan physique, vous êtes doté d'une nature robuste et surtout d'une remarquable capacité de régénérescence. Vous (ne) respectez (que) la force et cherchez un partenaire solide, aussi constant et fiable que vous êtes émotif et passionnel. Votre *alter ego* est le Taureau. Les signes occupés par Mercure et Mars dans votre thème enrichiront et affineront ce portrait.

Gémeaux Ascendant Sagittaire

Le monde vous passionne et votre curiosité est sans cesse en éveil. Vous emmagasinez les connaissances à toute vitesse sur tous les domaines, et vous êtes particulièrement pointu sur ceux qui vous intéressent vraiment. La culture, la connaissance de l'humain sous toutes les latitudes représentent une source inépuisable d'intérêt et de jubilation. Pour vous la vie ne peut se concevoir que dans le mouvement, la vitesse, et en relation avec les autres. À cet égard, l'amour est longtemps pour vous un champ de rencontres et d'expériences multiples, et l'idée de faire durer la même relation toute une vie vous semble assez sclérosante. Du reste, vous recherchez un partenaire qui vous ressemble, pour qui l'indépendance est une priorité absolue, et le dialogue fraternel plus important que la passion, trop étouffante. Votre *alter ego* est le Gémeaux. Les signes occupés par Mercure et Jupiter dans votre thème enrichiront et affineront ce portrait.

Gémeaux Ascendant Capricorne

Vous êtes loin d'avoir la légèreté du Gémeaux type - et surtout son comportement. Vous êtes quelqu'un de sérieux, plutôt réservé et prudent ; même si vous êtes capable de « faire votre show » (c'est la soupape du Capricorne), vous êtes très pudique sur vous-même et ne vous laissez pas approcher facilement. Vous avez un physique sec et rétracté, et un tempérament nerveux. Vous gérez et économisez vos ressources vitales de façon raisonnable et rationnelle, qu'il s'agisse de votre budget ou de votre capital santé. Vous êtes un penseur, un théoricien qui élabore des systèmes de pensée structurés, laissant peu de place à la fantaisie de l'émotion ; votre esprit rigoureux et logique peut se montrer très intolérant parce que vous ne pouvez imaginer que, pour quelqu'un d'autre, la vérité soit différente. Cette froideur dans le raisonnement ne facilite guère votre approche et n'attire que ceux qui épousent votre vision du monde. Vous attendez du couple qu'il soit solide, durable et fidèle et que chacun protège l'autre. Votre *alter ego* est le Cancer. Les signes occupés par Mercure et Saturne dans votre thème enrichiront et affineront ce portrait.

Gémeaux Ascendant Verseau

Vous êtes quelqu'un d'hypersociable. Vous avez autant besoin des autres que de liberté, de disponibilité au monde toujours en mouvement. Seul, vous ressentez toujours ce lien, cette appartenance à la société humaine : vous vous sentez relié aux autres, et très concerné par les événements sociaux et politiques. Vous correspondez au type même du militant, du journaliste engagé ou du politicien réformateur. Vous avez des idées et vous savez les défendre. Vous êtes un cérébral : vos idées semblent en effet jaillir (en permanence) de votre cerveau sans passer par vos émotions. Vous recherchez d'un partenaire qu'il vous subjugue, qu'il soit votre Soleil... Votre *alter ego* est le Lion. Les signes occupés par Mercure et Saturne dans votre thème enrichiront et affineront ce portrait.

Gémeaux Ascendant Poissons

Vous êtes un hypersensible. Vous avez des antennes très fines qui vous connectent avec le monde et les autres, et percevez tout par intuition, par une grande perméabilité aux *stimuli* extérieurs, aux humeurs des autres, aux variations d'ambiance... Ce qui vous sauve d'une trop grande vulnérabilité, c'est que vos émotions, vives et facilement sollicitées, ne durent pas ; elles changent d'un instant à l'autre. Vous donnez ainsi l'impression d'un kaléidoscope qui ne conserve pas l'empreinte du temps, mais vit dans l'instant. Vous vous sentez cependant assez fragile et impressionnable, et redoutez les situations de conflit comme les choix ou les engagements. Vous attendez d'un partenaire qu'il compense votre émotivité excessive par un caractère plus terre à terre, raisonnable et rationnel. Votre *alter ego* est la Vierge. Les signes occupés par Mercure et Jupiter dans votre thème enrichiront et affineront ce portrait.

Si votre Ascendant est en Gémeaux

Quel que soit votre signe solaire

Si votre signe solaire vous décrit comme introverti (Capricorne), patient (Taureau) ou exclusif (Scorpion), il est probable que vous ne vous reconnaissiez que très épisodiquement. C'est que votre Ascendant Gémeaux illustre un comportement social, une *personnalité*[1] Gémeaux. Vous vous présentez et vous comportez dans le monde comme quelqu'un de léger, disponible, sociable. On a immédiatement envie de lier connaissance avec vous : vous savez vous adapter à votre interlocuteur et converser en dix minutes comme si vous le connaissiez depuis dix ans. Cette étonnante faculté de contact vous ouvre bien des portes : vous êtes ouvert sur le monde, curieux, intéressé par vos semblables et amical avec les inconnus. Après quoi, suivant votre signe solaire et le reste de votre thème, vous pouvez montrer une disposition d'esprit très différente – mais c'est ainsi que vous êtes perçu au premier abord et cela correspond à votre nature : quelqu'un de sympathique et d'adaptable, qui semble se promener dans la vie avec la légèreté et l'adresse d'un funambule, comme dans un théâtre. Du reste vous prenez la vie comme une grande pièce, et le jeu comme un exercice fondamental pour trouver votre place dans la vie.

La communication, les mots, la lecture et l'écriture sont pour vous des sources inépuisables d'expérience et de jubilation. Dans un autre ordre d'idée, vous avez besoin de variation, de changement, de mouvement, de déplacements. L'existence idéale, pour vous, est trépidante, riche de contacts et d'échanges.

---

1. Du latin *persona*, « masque ».

Physiquement, vous avez une apparence juvénile, une démarche vive, légère, des gestes nerveux et rapides. Habile, vous maniez les objets avec dextérité et savez faire mille choses de vos dix doigts - la main est l'organe clé des Gémeaux.

Le signe du Sagittaire exerce sur vous une grande attraction.

Le Gémeaux et les autres signes

	AMOUR	SEXE	AMITIÉ	TRAVAIL
BÉLIER	++	+++	+++	++
TAUREAU	+	...	+	++
GÉMEAUX	++	++	++	+
CANCER	+	...	++	...
LION	++	++	++	++
VIERGE	++	++	++	+
BALANCE	++	++	++	++
SCORPION	...	...	+	+
SAGITTAIRE	++	++	++	++
CAPRICORNE	++	+	++	++
VERSEAU	+++	+++	+++	+++
POISSONS	- -	-	+	- -

le *nec plus ultra*	+++
génial !	++
OK	+
bof	...
non	-
pas du tout	- -

Attention ! Il ne s'agit que de la comparaison de deux signes et non de deux personnes : une véritable étude de compatibilité tient compte de l'ensemble des facteurs des deux thèmes, de la date de rencontre... La comparaison des deux Soleils de naissance met en évidence la compatibilité des désirs, des formes de créativité, des modèles du monde. Mais si deux Soleils sont peu compatibles, d'autres facteurs des thèmes peuvent l'être, l'entente se situant alors sur d'autres plans que sur celui du désir conscient.

Le Gémeaux est un signe d'Air, mutable et masculin ; Mercure y trône en domicile, mais s'y trouve également en chute ; Vénus y est exaltée, Jupiter en exil.

Le couple Gémeaux/Bélier

Le Bélier est un signe de Feu (chaud et sec), cardinal, masculin. Mars y trône, le Soleil est y exalté, Vénus exilée, Saturne en chute.

Le Feu et l'Air s'accordent à la perfection : ces deux éléments masculins évoquent un même tempérament actif, mobile, enthousiaste. La chaleur commune aux deux éléments les rend réactifs et spontanés. Le Gémeaux « humide » est plus adaptable et plus liant que le Bélier « sec », autoritaire et indépendant – qui ne manquera pas de reprocher à son partenaire son côté girouette et son peu de goût pour l'effort. Le Gémeaux, plus arrangeant et peu à l'aise dans le conflit, s'accommodera de ce compagnon irritable et exigeant, à condition qu'il ne lui coupe pas les ailes : sa liberté, c'est sacré !

Le bélier marsien est un guerrier qui exalte les vertus solaires : il a une âme de chef ! Le Gémeaux mercurien, qui exalte les vertus vénusiennes, est un cérébral doublé d'un artiste et d'un sentimental. Et lorsqu'on parle de sentiments (ou de confort, de facilité, de compromis...), le Bélier (qui exile Vénus) sort son fusil ! Plus exigeant, plus combatif, s'intéressant aux actes plus qu'aux mots, il lui arrivera de déplorer l'insoutenable légèreté de son compagnon... lequel ne comprendra guère un tel manque de souplesse et d'adaptation.

Ces deux personnalités fort différentes s'entendront à merveille le temps du compagnonnage, de la complicité, de la fantaisie, du jeu. Lorsqu'il sera question de construire ensemble sur la durée, le bateau risque de prendre l'eau !

Le couple Gémeaux/Taureau

Le Taureau est un signe de Terre (froid et sec), fixe et féminin. Vénus y est en domicile, la Lune exaltée, Mars exilé et Saturne en chute.

C'est l'histoire du chêne et du roseau... La Terre, froide et sèche, et l'Air chaud et humide : deux opposés, deux complémentaires, certes, mais surtout deux énergies qui fonctionnent à l'inverse l'une de l'autre. La Terre est aussi posée, patiente, prudente et solitaire que l'Air est spontané, fantaisiste, sociable. La Terre est aussi avare de mots que l'Air est intarissable. Le Taureau-chêne plonge ses racines profondément, pensivement et se nourrit de la terre nourricière. Il avance à pas lents, change rarement de direction ; ne se ralentit ni ne se hâte : il creuse patiemment son sillon. L'autre est un papillon alerte, à l'affût, aux aguets. Il est ici, mais il est ailleurs ; fait mille choses à la fois ; a le don d'ubiquité. Il est impondérable. Voilà le couple étrange de la pesanteur et la grâce. Notons que le plus souvent, les naissances rapprochées (comme c'est le cas ici) font que les planètes rapides de l'un se retrouvent souvent dans le signe solaire de l'autre, ce qui compense la disparité essentielle de leurs caractéristiques solaires.

Pour accentuer le tableau, le Taureau est fixe, le Gémeaux, mutable. Le premier, décidément, est monolithique ; le second, multiple. Impossible pour un Gémeaux de s'engager à l'avance, de s'organiser plusieurs mois à l'avance ; ce serait se fermer des portes sur le mouvement de la vie, sur l'imprévisible présent. Tandis que le Taureau ne sait pas s'adapter : il a besoin pour fonctionner librement de se sécuriser par une organisation et une planification d'airain. Sur ce plan, la vie commune risque d'être assez difficile à gérer.

Mais le Gémeaux est un mercurien qui exalte Vénus ; autrement dit, un cérébral dont les valeurs les plus élevées, l'idéal, se trouvent dans l'art, la beauté, la poésie, l'amour. Cela tombe bien : le Taureau est un vénusien incarnant complètement ces valeurs d'harmonie, d'esthétique, de sensualité amoureuse. Il exalte la Lune – les vertus du ressenti, les lois du corps, du biologique, de la nature. Nulle trace ici de cérébralité, encore moins d'intellectualité. Le Taureau n'énonce pas de théories[1], il se concentre sur ce qu'il sent. Pour le Gémeaux qui évolue dans l'univers des mots et de la pensée,

1. Attention, un signe n'est pas une personne ! Le thème du philosophe Emmanuel Kant (né le 22 avril), par exemple, montre une opposition Soleil/Uranus qui modifie considérablement cette assertion de base.

c'est là un animal bien étrange. Seule Vénus fait trait d'union entre les deux : le sens du plaisir, de la fête, une certaine tendresse de tempérament, un côté sympathique et séducteur... Mais cela suffira-t-il pour qu'ils se nourrissent et grandissent ensemble ?

Le couple Gémeaux/Gémeaux

Deux papillons qui vagabondent, font trois petits tours de danse... et ne se quittent plus ! C'est une histoire qui pourrait bien vous arriver : vous avez trouvé votre frère Gémeaux... Ce n'est pas un simple jeu de mot : entre vous naît une complicité quasi fraternelle. Davantage qu'un couple homme-femme traditionnel, votre relation ressemble à celle de deux éternels enfants pour lesquels la vie est un jeu plein de surprises, de départs, de retours, d'émotions vives et changeantes, d'expériences qui nourrissent une insatiable curiosité. Votre relation sera pleine de gaieté, portée par la musique des mots : pour vous, le verbe est le sésame de l'existence. Le danger de votre union résidera peut-être dans une difficulté commune à vous engager, dans une « insoutenable légèreté » qui fera fi des barrières, contraintes et autres serments liés traditionnellement à la vie de couple. En somme, un lien fort, mais une relation fragile.

Le couple Gémeaux/Cancer

Le Cancer est un signe d'Eau (froid et humide), cardinal et féminin. La Lune y est chez elle, Jupiter exalté, Saturne exilé et Mars en chute.

L'Eau et l'Air s'accordent sur une humidité commune : voilà deux tempéraments souples, adaptables, qui s'imbibent des variations et des vibrations du dehors, montrent une sensibilité à fleur de peau, une âme enfantine de poète. Mais l'Air est chaud, au contraire de l'Eau : le premier est extraverti, volubile, hypersociable, agité, pétillant... Le second est secret, pudique, volontiers silencieux et contemplatif ; il vient des eaux tranquilles du lac. Si ces deux éléments ne sont donc pas tout à fait étrangers l'un à l'autre, ils évoquent des rythmes et des tempéraments pourtant fort opposés. Le Cancer pudique et poète a une intense vie intérieure et communique davantage par le silence que par les mots. Or le Gémeaux est un être de mots, de dialogue, d'échange : pour lui, vivre c'est avant tout communiquer.

L'énergie mutable du Gémeaux - disponible, changeant, adaptable - s'accorde bien avec celle du Cancer cardinal - capable, autrement dit, de se mobiliser rapidement, dans plusieurs directions à la fois.

Leurs planètes maîtresses renforcent leurs éléments : le Mercure du Gémeaux est éminemment aérien et insiste sur l'importance de la communication et des échanges chez ce signe. La Lune du Cancer renforce ses caractéristiques aquatiques de réceptivité, son besoin de protéger, de couver, de materner. Ici l'on touche à une autre opposition : le Cancer est fusionnel, c'est un être d'attachement ; au contraire, le Gémeaux est libre et indépendant. Voilà qui peut compliquer la relation...

Le Gémeaux exalte Vénus : cette planète caractérise sa vision idéaliste de l'amour et - ce qui le rapproche du Cancer lunaire - un romantisme poétique débridé. Sur le terrain de l'art, de l'écriture et du sentiment, ils peuvent se rencontrer.

Le Cancer exalte Jupiter, lequel est exilé en Gémeaux : les valeurs jupitériennes - patrimoine, richesse, instinct de territoire, affirmation de soi, autorité, joie de vivre, besoin de reconnaissance sociale - sont idéalisées par le Cancer souvent apparenté à un *pater* (ou *mater*) *familias*, dépositaire des héritages matériels et spirituels de la lignée. Au contraire, ces valeurs sont critiquées, refoulées et projetées (la réussite, c'est pour les autres) pour le Gémeaux, éternel étudiant, panier percé, et considérant que les soucis d'argent, forcément vulgaires, doivent être traités par le mépris.

Le Cancer est plutôt casanier, amoureux de sa maison, de sa famille et de ses petites habitudes. Le Gémeaux est un pigeon voyageur, toujours en mouvement, et adore l'imprévu. Le premier est plutôt traditionaliste, le second indépendant et pour l'égalité des sexes. En somme, ces deux compères, plutôt complices en amitié, devront faire moult effort et concessions pour se comprendre et s'accepter... Et puis un problème de taille va se poser : qui va s'occuper de remplir la déclaration d'impôts ?

Le couple Gémeaux/Lion

Le Lion est un signe de Feu (chaud et sec), fixe et masculin. Le Soleil y trône, Mars y est exalté, Saturne exilé et Jupiter en chute.

Le Feu s'accorde à merveille avec l'Air : ils partagent une chaleur commune, autrement dit les mêmes qualités d'enthousiasme, de générosité, d'optimisme et d'extraversion. La sécheresse du Feu rend le Lion plus campé sur ses positions, plus autoritaire et indépendant que le Gémeaux conciliant et adaptable. Mais ces différences devraient les rendre complémentaires.

En tant que signe fixe, le Lion aura toutefois du mal à accepter le fonctionnement mutable – mobile, imprévoyant et disponible – du Gémeaux, lequel trouvera l'organisation et l'esprit sélectif du Lion plutôt contraignants, mais rassurants…

Le Lion solaire exalte Mars : doué d'une forte personnalité et d'un puissant besoin d'affirmation, il idéalise les vertus guerrières de courage et d'initiative ; c'est un battant. Le Gémeaux ne possède aucune de ces caractéristiques : ce mercurien qui exalte Vénus est un être d'échanges et de spéculations intellectuelles, un artiste désintéressé. Il trouvera le Lion égocentrique et pourra lui reprocher sa manière de tout régenter ; ce dernier pourra lui reprocher alors son manque de positionnement et son instabilité.

Dans leurs formules planétaires respectives, le seul point d'accroche est Jupiter. En chute chez le Lion, il indique le potentiel de démesure dans l'ostentation, le luxe et l'égocentrisme, mais aussi le sentiment de culpabilité qui suit cette chute dans l'excès. Chez le Gémeaux, l'exil explique son mépris (affiché, en tout cas) pour l'argent et pour la réussite. Autrement dit, le Gémeaux peut trouver franchement insupportable et scandaleux que l'on puisse se laisser aller à une telle débauche d'orgueil, d'autosatisfaction ou de dépenses…

Le Lion vient du Soleil et, comme il se doit, le monde tourne autour de lui. Impressionné par cette forte personnalité qui sait ce qu'elle veut et comment l'obtenir, séduit par ce cœur généreux qui lui assurera fidélité et protection et décrochera la Lune pour lui plaire, le Gémeaux jouera le jeu avec la meilleure volonté. Ils peuvent donc former un couple harmonieux et rayonnant. Le Lion écoutera son compagnon avec bienveillance et respectera sa finesse d'esprit. L'optimisme étant sa valeur phare, il appréciera sa joie de vivre, sa légèreté et son humour. Une solide amitié sera la base de leur relation et leur permettra toujours de recoller les pots cassés. Et lorsque le Lion, dans ses moments d'humeur, reprochera au Gémeaux de s'éparpiller ou de manquer d'ambition, l'autre n'aura qu'à lui répondre que son ambition, c'est lui : tout rentrera dans l'ordre.

Le couple Gémeaux/Vierge

La Vierge est un signe de Terre (froid et sec), mutable, féminin. Mercure y est à la fois en maîtrise et en exaltation, Jupiter en exil, Vénus en chute.

Voilà un alliage intéressant et subtil : ces deux signes d'éléments incompatibles sont maîtrisés par la même planète et tous les deux mutables. Voilà *a priori* deux tempéraments diamétralement opposés. La Vierge terrienne est introvertie, patiente, réfléchie. Sa mémoire est fidèle et précise. Efficace et pratique, elle recherche la sécurité et le sentiment d'utilité. Le Gémeaux aérien est extraverti, agité, spontané. Il vit dans le mouvement et dans l'instant. C'est un être sociable, d'échanges, imprévisible et changeant. Mais tous deux sont mutables et mercuriens : ils sont adaptables à leur environnement, ont besoin de diversité et d'échanges, s'entendent pour distribuer l'énergie autour d'eux. La Vierge, sur un plan terrien, technique, matériel, de l'ordre des besoins quotidiens de base ; le Gémeaux, sur le plan des contacts, des échanges commerciaux, de l'information et de la communication. Actifs et en perpétuel mouvement, quoique dans deux sphères différentes d'activité, ils partagent un type d'énergie commune. Les mots, le langage, l'écriture ou la poésie sont leur terrain d'entente. Mais les valeurs mercuriennes sont exaltées chez la Vierge, tandis que Mercure chute en Gémeaux. Pour la Vierge, la précision de l'expression et du geste, la justesse des mots sont fondamentales ; le verbe et les vertus de l'intelligence sont sacrées. Pour le Gémeaux, l'important est de communiquer : que cela circule ! et la communication passe autant par les mots qu'entre les lignes, par le langage corporel que les émotions. La chute de Mercure peut l'amener, dans les moments de grande émotion, à déverser un flot de paroles plus ou moins décousues, voire à jouer avec la vérité. Inversement, Vénus est exaltée en Gémeaux, en chute chez la Vierge. Les valeurs amoureuses, artistiques et poétiques sont de la plus haute importance pour le Gémeaux dont l'une des facettes est d'un romantisme exalté. La Vierge pudique rationalise et contrôle autant qu'elle le peut ses sentiments et ses désirs ; mais elle devient d'un sentimentalisme débridé lorsqu'elle perd le contrôle et qu'elle chute ; ce qu'elle redoute, bien sûr. Donc ce qui exalte l'un et le porte aux nues plonge l'autre dans la culpabilité et le chaos...

Ils sont d'accord sur un point : l'exil de Jupiter. L'argent et la réussite, c'est pour les autres !

Le couple Gémeaux/Balance

La Balance est un signe d'Air (chaud et humide), cardinal et masculin ; Vénus y trône en domicile, Saturne y est exalté, Mars en exil et le Soleil en chute.

Le mariage de deux signes d'Air est un alliage harmonieux, qui fonctionne sur une complicité immédiate. L'Air vénusien de la Balance est un univers de légèreté et d'harmonie esthétique, de joie de vivre et de disponibilité aux autres. L'Air mercurien des Gémeaux est plus cérébral, voire plus intellectuel ; tout aussi sociable que le précédent, celui-ci se caractérise par une curiosité juvénile, à l'affût de contacts et d'idées nouvelles, de nouveauté permanente. L'ouverture au monde extérieur est leur qualité commune : c'est un couple chaleureux, sympathique et entouré.

Vénus, en domicile chez l'un, en exaltation chez l'autre, donne à l'affectivité une place prépondérante, encore que chez le Gémeaux l'amour se situe davantage au plan de l'image idéalisée et inaccessible, alors qu'il est véritablement le moteur de la Balance.

Quant à celle-ci, l'exaltation de Saturne peut lui donner une certaine rigidité (en tout cas morale) à laquelle le roseau Gémeaux est totalement étranger... Mais la conclusion est positive pour ces deux signes qui s'accordent sur de nombreux points.

Le couple Gémeaux/Scorpion

Le Scorpion est un signe d'Eau (froid et humide), fixe et féminin. Mars et Pluton y sont en maîtrise, Saturne exalté, Vénus en exil et la Lune en chute.

Entre l'Air, cérébral et léger, et l'Eau, émotive et profonde, un point commun : leur composante humide. Elle les rend tous deux réceptifs et sensibles. Mais là s'arrête la comparaison : ces deux signes viennent de deux univers étrangers l'un à l'autre et, *a priori*, ne regardent pas dans la même direction (mais le reste du thème, bien sûr, peut indiquer des affinités par ailleurs). Le Gémeaux mercurien est un extraverti, loquace et éloquent, communicatif et sociable, toujours en mouvement, préférant souvent rester à la surface des choses pour aller plus vite et changer plus souvent. Le Scorpion plutonien, tout au contraire, préfère son univers aquatique, silencieux, secret, qui le laisse tout à loisir plonger dans les profondeurs – les siennes comme celles des autres ou du ressort des choses. Il n'entend pas disperser ni son attention ni son attachement : c'est l'être d'une seule passion, sa fixité concentrant son énergie dans une seule direction. Alors que le Gémeaux mutable a besoin de diversité : l'important, pour lui, est de rester constamment ouvert et disponible au moment présent, à ce que la vie lui offre. S'organiser six mois à l'avance, par exemple, est pour lui une aberration...

Ils regardent tous deux Vénus avec des yeux différents : le Scorpion l'exile, rejetant le sentimentalisme, la facilité, l'indolence et la diplomatie, et se définissant avant tout comme un guerrier. Le Gémeaux l'exalte, autrement dit se fait une haute idée de l'amour romantique – tellement haute qu'il a du mal à réaliser cette aspiration céleste sur notre bonne vieille Terre. Du coup, il a un mal fou à s'engager corps et âme dans une relation qui ne peut qu'être imparfaite... et préfère garder sa liberté. Voilà qui peut effrayer le Scorpion, qui a tant besoin d'une fusion totale et définitive.

Intellectuellement, la relation est certainement intéressante et stimulante : le Gémeaux aidera le Scorpion à exprimer ce qu'il ressent ; ce dernier poussera le Gémeaux à approfondir sa pensée, à plonger toujours plus loin dans ses profondeurs... Mais la relation risque de se solder par une frustration pour l'un comme pour l'autre...

Le couple Gémeaux/Sagittaire

Le Sagittaire est un signe de Feu (chaud et sec), mutable et masculin. Jupiter est sa planète maîtresse, Mercure sa planète d'exaltation et d'exil, Vénus sa planète de chute.

Le propre des signes opposés est d'afficher une majorité d'oppositions complémentaires et quelques points communs. Entre le Feu actif et passionné et l'Air volubile et agité, la composante chaude est le dénominateur commun : ces deux signes trouveront tout de suite des atomes crochus dans leur tempérament chaleureux, ouvert, sociable et dans leur amour des voyages et des rencontres. Entre la composante sèche du Sagittaire et celle, humide, des Gémeaux, la différence se joue sur le caractère plus individualiste et plus concentré du Sagittaire, face à un Gémeaux plus dispersé, influençable et communicatif.

Autre point commun, leur caractère mutable : une même façon de fonctionner dans la vie, en restant disponible aux événements, en vivant dans l'instant, en conservant une certaine souplesse d'esprit – curiosité chez le Gémeaux, diplomatie chez le Sagittaire – qui leur donne ce côté juvénile et ouvert.

Les dignités des signes opposés sont par définition inversées, ce qui fait partie du processus ambigu de la complémentarité. Le Sagittaire est un jupitérien qui à la fois exalte et exile Mercure. Autrement dit, c'est un être social, authentiquement inscrit dans le collectif (Jupiter), idéalisant la culture, tenant le monde des idées comme le plus digne de respect (exaltation de Mercure) et méprisant le bavardage superficiel (exil). À l'inverse, le Gémeaux est tout à la fois le domicile et la chute de Mercure, et exile Jupiter ; il maîtrise le langage, la pensée et la communication (domicile) mais il est capable de dérapages incontrôlés qui le mènent au mensonge, aux digressions irrationnelles, à l'illogisme (chute)... Quant à la réussite, au succès et à la richesse (Jupiter), il laisse cela aux autres – de préférence à l'Autre, au partenaire privilégié sur lequel il pourra projeter les parties de lui-même tant qu'il ne sera pas prêt à les intégrer.

Ces inversions complémentaires sont à la fois favorables au bon fonctionnement du couple et porteuses de tensions incontournables ; du moins peut-on dire que cette relation est forcément évolutive, chacun au fil du temps se trouvant face à ses propres projections, ce qui lui permet de « se » voir au-dehors. La relation engendre donc la conscience.

Le couple Gémeaux/Capricorne

Le Capricorne est un signe de Terre (froid et sec), cardinal, féminin. Saturne y trône, Mars y est exalté, la Lune exilée, Jupiter y chute.

C'est la rencontre du chêne et du roseau : un alliage hétéroclite, et pourtant assez courant. Chacun comble les failles de l'Autre. Si l'on s'en tient aux éléments, ils sont aux antipodes : la Terre, froide et sèche, dégage une certaine force d'inertie, tandis que l'Air, chaud et humide, dispense une énergie dynamique. La première décrit un tempérament introverti et détaché, une recherche de profondeur et de sécurité ; le second une extraversion ludique, une curiosité toujours en éveil, une disponibilité constante. On est là face à des valeurs incompatibles, mais qui ont la particularité d'être complémentaires. Pour que la relation fonctionne, il faut donc dès le départ que chacun renonce à vouloir changer l'Autre à son image et jouisse au contraire de la différence. Ainsi, le voyage peut durer longtemps et se révéler passionnant...

Mercure ne fait pas partie de la « formule » du Capricorne, ni Saturne de celle du Gémeaux. Cependant, les symboliques de ces deux planètes ont des points communs : elles tendent toutes deux à analyser, disséquer, s'extraire, objectiver. Mercure régit le mental, Saturne la morale, la conscience : dans les deux cas il s'agit de la vie de la pensée. C'est donc dans la sphère intellectuelle que ces deux signes se retrouvent et fondent leur entente.

Ils s'entendent aussi assez bien sur la question de la représentation sociale et de la réussite matérielle : en chute chez le Capricorne, en exil chez le Gémeaux, Jupiter n'est guère prisé chez ces deux signes. Le premier éprouve une vague répulsion mêlée de culpabilité face aux signes extérieurs de richesse. Le Gémeaux n'est pas plus à l'aise avec l'argent, qui lui coule souvent entre les doigts – il se sent mieux sans ! S'élever au-delà des contingences et de la vulgarité du matériel, voilà leur ambition !

En somme, ces natures peuvent, malgré leurs nombreuses différences, trouver ensemble un équilibre satisfaisant. Autant le Capricorne ressent lourdement, en tant que saturnien, le poids de l'existence, des contraintes et des responsabilités, autant ce mercurien plus léger qu'une plume prend la vie comme un grand jeu : tout est possible, aucune erreur n'est irrattrapable. Une vraie bouffée d'oxygène, de jeunesse : le Gémeaux est un éternel adolescent, alors qu'inversement le Capricorne montre très tôt une maturité précoce. Le premier est, du reste, impressionné par les qualités terriennes, la solidité du chêne, le courage opiniâtre du Capricorne. Sa faculté magique de passer d'une émotion à l'autre, son étourdissante aisance de contacts déconcerte, agace... et, au fond, fascine le Capricorne.

Le couple Gémeaux/Verseau

Le Verseau est un signe d'Air (chaud et humide, fixe et masculin. Il est gouverné par Saturne et Uranus, Jupiter y trouve son lieu d'exaltation, le Soleil son exil, Mars sa chute.

Que font deux signes d'air ensemble ? ils discutent ! Inlassablement, passionnément, rivalisant d'humour et de vivacité d'esprit. L'Air est éminemment sociable, curieux ; c'est un élément cérébral : voilà deux signes qui évoluent à l'aise dans l'univers des idées, des mots et des arts. Entre eux, le courant passe immédiatement. Mercure décrit le Gémeaux comme un signe de communication, jonglant avec les mots et les idées. Chez le Verseau, Uranus décrit un théoricien et un idéaliste, souvent plus passionné et extrémiste que le Gémeaux, curieux et dilettante. Quant à Saturne, il lui donne une profondeur, une exigence intérieure et une concentration que n'a pas le Gémeaux type : cette différence peut à terme creuser une distance de la part du Verseau qui attend davantage d'engagement, et de la part du Gémeaux qui attend davantage de légèreté.

Dans la « formule » de chaque signe, seul Jupiter se retrouve, en exaltation chez le Verseau, en exil chez le Gémeaux. Le premier a une notion très élevée et idéalisée de la réussite et de la richesse, qui doivent être autant matérielles que spirituelles. Pour le Gémeaux, tout ce qui a trait à la richesse et au matériel est autant que possible évacué, gommé, « exilé » de son univers ; de fait, l'argent lui coule souvent entre les doigts et les questions de territoire, de propriété ou de place sont souvent ignorées ou sources de problèmes. On peut en conclure qu'ensemble ils risquent d'avoir des difficultés, chacun pour des raisons différentes, pour s'enrichir ! Car ce serait, en quelque sorte, déchoir.

En somme, cette relation est harmonieuse et positive, avec pour seul écueil le risque d'un écart de maturité, dont le Verseau pourrait souffrir.

Le couple Gémeaux/Poissons

Le Poissons est un signe d'Eau (froid et humide), mutable et féminin. Jupiter et Neptune le gouvernent, Vénus y est exaltée, Mercure en exil et en chute.

L'Air et l'Eau : malgré leur commune composante humide, ces deux éléments accusent surtout un grand nombre de différences, voire d'incompatibilités. L'Air est le monde du mental, du verbe ; l'Eau, celui des émotions, du corps, du ressenti. L'Air sait mettre de la distance, objectiver, rationaliser. L'Eau est impliquée directement dans le moment présent, elle réagit avec une sensibilité épidermique, elle est fusionnelle et possessive. L'Air est sociable, il a besoin d'échanges, de mouvement ; l'Eau est solitaire, centrée sur elle-même et fusionnelle avec un Autre. L'Air est actif et agitée ; l'Eau est lente et contemplative. L'Air est Yang, l'Eau est Yin...

On peut cependant trouver une certaine complémentarité dans ces dynamiques opposées. Effectivement, l'humidité les dote de caractères adaptables, souples, opportunistes : c'est leur côté débrouillard, leur capacité à se sortir de toutes les situations par un sens psychologique aigu qui peut parfois en faire de charmants manipulateurs. Ils ont pour caractéristique de vivre plus dans l'instant que dans le projet ; avec cette composante humide, on rejoint le mode mutable, qui correspond également à un tempérament adaptable, instable, en recherche de perpétuelle variation.

Comme dans la formule zodiacale de tous les mutables, les trois mêmes planètes sont en jeu, mais elles sont distribuées différemment.

Jupiter gouverne le Poissons, il est en exil chez le Gémeaux. Chez le premier, Jupiter indique l'aisance, la capacité à tirer son épingle du jeu ; le second possède, de par son élément aérien, les mêmes qualités... L'exil de Jupiter en revanche explique la difficulté ou le refus du Gémeaux à prendre sa place (territoire, rôle social) ou à s'enrichir.

Mercure – autrement dit le rapport au langage, à la communication, à l'échange humain – les concerne tous deux fortement, et doublement : en exil et en chute, il correspond chez le Poissons à un rapport complexe avec l'expression verbale ; le Poissons est ordinairement silencieux, méditatif et en position d'écoute (exil). Mais lorsqu'il chute, il devient intarissable, incapable de se limiter, se perdant dans ses digressions, mêlant imaginaire et réalité, passé et futur, faisant preuve d'une éloquence torrentielle, tantôt poétique, tantôt humoristique, toujours d'une subjectivité qui le rend fascinant ou incompréhensible...

Le Gémeaux connaît bien la chute de Mercure, bien qu'il gouverne et *maîtrise* ordinairement cette planète : il est naturellement bavard, communicatif, pétillant d'humour et de vivacité. Lorsqu'il lui arrive de chuter, il embrouille son interlocuteur dans un enchevêtrement de mots et d'idées, le saoule de paroles, mélange hardiment mensonge et vérité, refait l'histoire, promène son auditoire qui de toute façon a perdu le fil...

Voilà qui augure d'une communication assez irrégulière, mais ne manquant pas de charme ni de surprise.

Vénus, enfin, est exaltée chez les deux signes : leur rapport à l'amour se rejoint sur un incorrigible romantisme et une idéalisation fatalement déçue par la réalité. Le Gémeaux cherche son jumeau manquant, le Poissons son prince charmant... Ce n'est pas pour autant qu'ils se reconnaîtront !

Les planètes en 2007 et vous

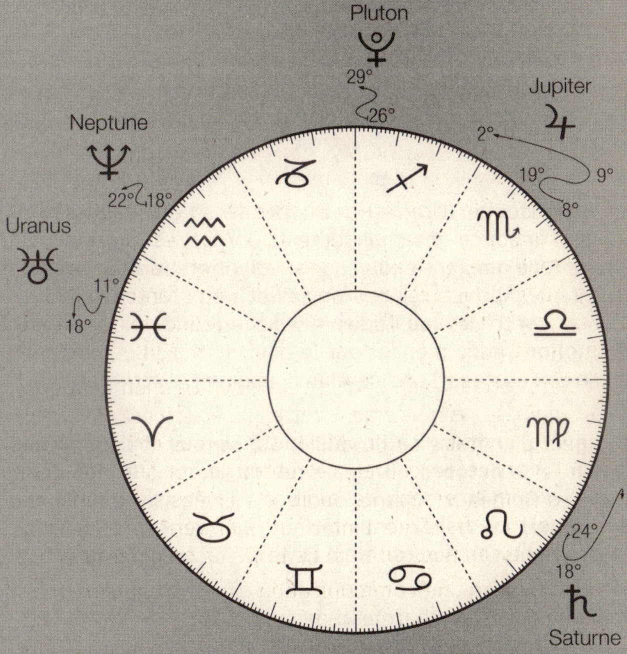

Course des planètes lentes du 1er janvier au 31 décembre 2007

Qu'y a-t-il dans l'air en 2007 ?

Si l'horoscope cible les informations données par chaque planète pour un signe en particulier, un regard global sur l'année en soi n'est pas inutile. Nous avons très souvent, en effet, une autre planète de notre thème en résonance avec le contexte planétaire du moment. La fin janvier, par exemple, annonce un carré entre Jupiter et Uranus qui concerne en priorité ceux dont le Soleil natal se trouve dans le deuxième décan des Gémeaux, Vierge, Sagittaire et Poissons ; mais, en réalité, il nous concerne tous plus ou moins, car nous avons certainement tous un point de notre thème en résonance avec cette configuration.

À noter que le climat généré par les configurations planétaires s'étale sur plusieurs semaines de part et d'autre de leur date exacte.

– Le carré Jupiter/Uranus (deuxième décan des Sagittaire et Poissons) annonce des changements abrupts et imprévus, un grain de folie ambiante : on cédera volontiers aux caprices de l'instant pour privilégier nos envies et notre liberté, quitte à se cabrer contre les habitudes et les contraintes extérieures... Les émotions nous mènent par le bout du nez ! Les décisions et entreprises nées sous ce climat risquent d'être de courte durée.

Cet aspect planétaire se produit le **22 janvier**, puis le **11 mai** et enfin le **9 octobre** ; il concerne notamment le deuxième décan des Gémeaux, Vierge, Sagittaire et Poissons, ainsi que ceux qui ont vu le jour à l'intérieur des créneaux suivants : *16-25 janvier, 16-25 avril, 8-14 mai, 19-28 juillet, 6-12 et 20-28 octobre.*

– L'opposition Saturne/Neptune (20 à 22° des Lion et Verseau) est un aspect de dépression, de dissolution des structures, des cadres existants et de l'autorité. Les représentants de l'autorité (qu'il s'agisse des chefs de gouvernement ou des pères de famille) perdent de leur ascendance ou de leur crédibilité. Intérieurement, nous perdons aussi de notre assurance, de notre solidité ; nous nous heurtons à des limites floues, à des impossibilités que nous ne nous expliquons pas, à des

Premier décan

Profil général de l'année

Votre Soleil natal – autrement dit votre rayonnement personnel, votre volonté d'affirmation, la partie créative de votre être, le domaine de vos aspirations, de vos motivations – n'est pas concerné par les planètes de façon remarquable : jusqu'en août se situe une période de continuité. On peut considérer qu'il s'agit là d'une paix bien méritée après les grands changements survenus entre 2003 et 2005, suivis par une année saturnienne stabilisante et constructive. 2007 n'apporte donc pas de changement particulier : vous poursuivez sur votre lancée, du moins jusqu'à la rentrée de septembre.

Petite exception toutefois si vous êtes né après le 28 mai : en janvier, Jupiter pose les bases d'une possible association ou d'une proposition, laquelle devrait porter ses fruits en août, et permettre un nouvel essor, peut-être à travers une nouvelle activité.

À partir de septembre, le climat change avec l'entrée de Saturne en Vierge. Si toute la première partie de l'année a coulé facilement, à partir de la rentrée la notion d'effort se fera sentir. Vous vous trouvez en effet dans une situation (ou dans un état d'esprit) qui vous pousse à mobiliser vos ressources pour prendre une décision importante, un engagement à long terme, et par là même renoncer à d'autres activités ou d'autres projets devenus peut-être secondaires. Une période de mobilisation donc, où il vous est demandé d'agir, de vous positionner, de vous exposer, de renoncer à la facilité. Cette phase importante durera environ un an. Les climats saturniens, qui concernent notre inscription dans la société, notre statut, notre représentation de nous-même aux yeux du monde, s'accompagnent souvent d'austérité, de retour sur soi-même, voire de solitude intérieure ; mais ce sont aussi des temps de construction, de maturation, à l'occasion desquels nous gagnons en autonomie, en force et en sagesse.

déceptions. La cause dépend de l'analyse de chaque thème, mais, Neptune symbolisant l'idéal, et Saturne le sevrage, il n'est pas faux de chercher l'explication de ce désenchantement dans un manque de sens, ou de foi. C'est un aspect qui nous rend à la fois plus lucide et plus sensible à la dimension de l'idéal et du sens philosophique, voire métaphysique de notre existence.

Cette configuration planétaire s'est produite une première fois le 31 août 2006 (deuxième décan Lion-Verseau), se reforme le **28 février 2007**, puis une dernière fois le **25 juin**. En 2007, elle concerne plus particulièrement ceux qui ont vu le jour à l'intérieur des créneaux suivants : *25-29 mars, 8-17 mai, 26-30 juin, 27 septembre-1er octobre, 10-18 novembre, 26-30 décembre.*

Elle concerne également, mais dans un sens plus harmonieux, plus facile et plus immédiatement constructif, les personnes nées aux dates suivantes : *6-15 février, 8-16 avril, 9-17 juin, 10-19 août, 11-19 octobre, 10-18 décembre*, qui bénéficient en même temps de transits planétaires consolidants.

– Le trigone Jupiter/Saturne (deuxième décan Sagittaire-Lion) est un agréable indice d'épanouissement, d'avancée durable, de promotion gratifiante. Il contribue à consolider vos acquis et à améliorer votre vie, en vous dotant à la fois de réalisme et d'enthousiasme, de patience dans l'effort et d'aisance dans l'action. Tout ce qui voit le jour sous ce climat constructif bénéficie de chances de durabilité et d'expansion.

Il se formera exactement le **16 mars**, puis le **16 mai**, et s'étale donc généreusement de **mars à mai**. Seront concernés en premier lieu ceux qui sont nés aux dates suivantes : *5-12 février, 6-13 avril, 6-14 juin, 8-16 août, 9-16 octobre, 8-15 décembre.*

– Le trigone Saturne/Pluton (troisième décan Lion-Sagittaire) indique une magnifique régénération, un rebond spectaculaire. Il engendre un climat puissant de guérison, de construction et de création sur des bases nouvelles. Les projets, les actions et les personnes nées sous ce trigone jouiront d'un important capital de ressources, d'une grande portée de réalisation et d'un impact puissant.

Il se forme le **6 août** et sera relayé, ou plutôt couronné par la conjonction Jupiter/Pluton du **11 décembre**. Ces configurations touchent en priorité les personnes nées aux dates suivantes : *13-21 février, 14-21 avril, 15-23 juin, 17-24 août, 17-24 octobre, 16-23 décembre.*

En somme, si l'année commence dans un climat assez chaotique et plein d'imprévus, les choses se stabilisent entre la mi-février et le début mai. Un nouveau « dérapage » à la mi-mai est suivi, en juin-juillet, d'une certaine confusion généralisée. À partir d'août, les choses reprennent une direction mieux définie et aboutissent à des résultats prometteurs, à condition d'éviter le créneau de la première quinzaine d'octobre, où Uranus apporte de nouveau un brin de fantaisie quelque peu déroutant...

Bonne année !

L'année 2007 des Gémeaux

Né du 21 mai au 1er juin : premier décan
Né du 1er au 11 juin : deuxième décan
Né du 11 au 21 juin[1] : troisième décan

L'horoscope collectif traite d'un signe, pas d'un individu ! Pour l'astrologue, l'individu est représenté par *l'ensemble* de son thème natal. Or, l'horoscope ne donne des indications que sur *un* facteur du thème natal, à savoir le Soleil. De ce facteur Soleil, on ne connaît que la position en signe zodiacal – on ne tient pas compte de ses caractéristiques particulières, à savoir sa position en Maison, ses rapports angulaires avec les autres planètes... Le thème comptant neuf autres planètes, réparties dans douze Maisons et chaque facteur astrologique formant des interactions particulières entre eux, il s'agit d'une figure symbolique complexe et unique.
L'horoscope collectif est une étude partielle et générale, qui ne peut se substituer à une étude personnalisée basée sur le thème, calculé à partir de l'année de l'heure et du lieu de la naissance de l'individu.

1. Les dates se chevauchent parce qu'elles ne sont qu'indicative jour et l'heure d'entrée du Soleil en Gémeaux varient chaque ar Si vous êtes à cheval entre deux décans, ou deux signes, consultez vice Audiotel 0892 68 27 80 (0,34 € la minute) qui vous renseigr les décans respectifs de votre Soleil natal et de votre Ascendant.

Vos amours

Il ne semble pas que ce soit le thème principal de l'année. Vous apprécierez cependant le passage de Vénus à la mi-avril, qui rehaussera votre charme pétillant. La période de la mi-juillet à la mi-août, puis de nouveau le début octobre, vous trouvera moins disponible à l'Autre, plus en retrait si vous êtes né avant le 25 mai.

Pour tout le décan, l'arrivée de Saturne dans le panorama en septembre est plutôt un indice de parcours solitaire, de concentration sur vous-même et sur les ressources à déployer, et vous rend assez peu ouvert aux rencontres ou disponible à l'Autre – il devra en prendre son parti !

Si vous êtes né après le 28 mai, en revanche, le mois de janvier puis le mois d'août sont des périodes phares qui mettent l'accent sur la rencontre, le couple, l'épanouissement de la relation ; certains auront à cœur d'officialiser une relation, de lui donner plus de place aux yeux du monde extérieur.

Et la santé ?

Rien à signaler de particulier jusqu'en septembre, où l'arrivée de Saturne va vous fragiliser jusqu'à la fin de l'année : les contraintes, les responsabilités, les obligations saturniennes sont souvent somatisées sous forme de problèmes de dos et, dans votre cas, de problèmes respiratoires et nerveux. Le surmenage sera votre pire ennemi : Saturne ne pousse guère à l'économie de soi-même, aussi restez à l'écoute de votre corps et de ses limites.

Janvier

Vie sociale : après un début de mois tranquille et sans nuage, dès le 15 vous entrez dans une phase plus active où votre motivation sera soutenue. Le tandem Soleil/Mercure sera surtout propice aux voyages, aux études, aux formations et à tout ce qui peut élargir le domaine de vos connaissances. L'étranger semble mis en exergue, comme souvent à cette époque de l'année.

Dans le même temps, Mars indique des confrontations : ne gaspillez pas votre énergie dans les rapports de force ou les manœuvres d'évitement, mais recherchez plutôt le dialogue, le terrain d'entente.

Vie affective : Vénus brille sur vos amours entre le 4 et le 12, vous invitant également à partager ces moments d'intimité en voyage ou avec un étranger. Si vous êtes né après le 28 mai, vous en profiterez plus particulièrement, Jupiter donnant à vos sentiments et à cette relation une ampleur significative : cela pourrait bien déboucher sur une belle célébration en août.

À partir du 28, Vénus se fait plus morose et vous incite à un retour sur vous-même : vous serez moins disponible, passagèrement plus détaché aussi.

Santé : après un excellent début de mois qui vous trouve épanoui, bien dans votre peau, dès le 15 attachez-vous à gérer les conflits de la manière la plus saine possible afin qu'ils n'engendrent pas de somatisation nerveuse et ne vous empêchent pas de dormir ! Vous aurez les moyens d'apaiser ces oppositions grâce au dialogue, favorisé par Mercure.

	Jours agréables, constructifs	Défis, tensions, changements
Vie sociale	19	-
Vie affective	-	-
Santé	19	-

Février

Vie sociale : les planètes se font assez contrariantes ce mois-ci. Mercure complique tout le mois les communications, les échanges, les déplacements : rien n'est simple et tout risque de se compliquer en mars où Mercure retrouvera la même position sur le zodiaque. Entre le 19 et le 28, il sera accompagné du Soleil, ce qui ajoutera une note de démotivation. Vous aurez plus de mal à progresser, à vous imposer, à réaliser ce que vous voulez faire ; vous vous sentirez facilement entravé. Peut-être n'est-ce pas le temps de l'action, mais plutôt celui de la réflexion. À partir du 28, vous entrez dans une phase plus active.

Vie affective : jusqu'au 5, vous êtes dans la même humeur peu sociable que fin janvier - et ce, d'autant plus que la communication ne passe pas très bien tout le mois. Néanmoins, Vénus viendra à votre secours à partir du 21, pour vous rapprocher de vos amis notamment, avec lesquels semble-t-il les soucis de communication vous sont épargnés.

Santé : en dehors de problèmes nerveux mineurs occasionnés par un Mercure hostile, vous n'êtes pas en mauvaise forme. À partir du 21, mais surtout du 26, vous retrouvez un certain apaisement et une nouvelle énergie à l'annonce du printemps.

	Jours agréables, constructifs	**Défis, tensions, changements**
Vie sociale	-	18, 23
Vie affective	-	-
Santé	-	18, 23

Mars

Vie sociale : exploitez les onze premiers jours, les plus actifs et efficaces grâce à un Mars galvanisant qui vous invite notamment à agir en dehors de votre périmètre habituel - à l'étranger, par exemple.

À partir du 18, et jusqu'à la fin du mois, les problèmes de communication, d'intendance, d'organisation et de déplacements survenus en février risquent de vous valoir quelques conséquences à gérer. Pour cela, les relations professionnelles et amicales joueront un rôle prépondérant. N'hésitez donc pas à compulser votre carnet d'adresses - conseil superflu pour le Gémeaux que vous êtes...

Vie affective : entre le 5 et le 14, votre relation vous pousse à opérer certaines remises en question, à lâcher prise avec certains éléments de votre vie qui ne sont plus essentiels. C'est aussi un moment où vous devenez plus sélectif : vous cherchez des relations plus profondes, plus authentiques, qui vous apprennent quelque chose sur vous-même. À partir du

18, la communication devient plus difficile, mais c'est aussi le moment d'éclaircir les malentendus de février.

Santé : excellente forme jusqu'au 11. Remettez-vous au sport à l'occasion du printemps ! C'est le moment de vous dépenser. À partir du 18, votre équilibre nerveux peut être légèrement perturbé par Mercure : mettez l'accent sur la respiration et la relaxation.

	Jours agréables, constructifs	Défis, tensions, changements
Vie sociale	-	-
Vie affective	-	-
Santé	-	-

Avril

Vie sociale : la période du 5 au 19 n'est pas la plus confortable : attendez-vous à des luttes, des obstacles, des contrariétés. Ne vous battez pas contre des moulins à vent : c'est plutôt une période de lâcher prise, de réorientation intérieure. Ne restez pas fixé sur des objectifs, des idées périmées ou des points de détail. La communication sera tout de même votre atout entre le 10 et le 16 et permettra de fluidifier les relations humaines, d'éviter le rapport de force stérile.

En revanche, entre le 19 et le 25 se situe de nouveau un créneau peu propice à la compréhension. Prenez un temps pour vous-même durant cette semaine : vous avez besoin de faire un ménage intérieur avant le mois prochain où se reforment ensemble les cycles de Mercure et du Soleil (à l'occasion de votre anniversaire).

Vie affective : la visite de Vénus entre le 12 et le 20 est une excellente nouvelle ; elle rehausse votre charme, vous fait voir la vie sous son air le plus printanier et le plus séduisant. Il n'est pas impossible d'ailleurs que vos élans prennent l'allure du coup de foudre, Mars donnant un caractère impétueux à vos sentiments, vos émotions, vos désirs... Un très joli mois, à savourer absolument !

Santé : Mars annonce quelques tensions entre le 6 et le 19, mais celles-ci seront facilement évacuées si votre vie affective et sexuelle se passe harmonieusement, ce que Vénus semble indiquer. Le sport sera également un excellent exutoire à votre excès d'énergie.

	Jours agréables, constructifs	Défis, tensions, changements
Vie sociale	16	14
Vie affective	20	-
Santé	16, 20	14

Mai

Vie sociale : c'est un très joli mois qui se profile, sans aucun nuage. Profitez de la période du 11 au 16 pour réfléchir, analyser certains problèmes, communiquer, expliquer, écrire, défendre vos idées, négocier vos affaires, vendre, acheter... Mercure, votre maître, vous rend visite, c'est une occasion annuelle à ne pas rater ! À partir du 15, Mars stimule également vos capacités d'action, de décision et d'initiative, notamment dans le cadre d'activités en équipe, qui vous motivent tout particulièrement. Enfin, l'époque de votre anniversaire donne toujours l'occasion d'un nouveau départ ; celui-ci se passe dans une configuration facile et plutôt dynamisante. Profitez-en pour commencer de nouvelles activités, de nouveaux projets.

Vie affective : à partir du 22, Vénus vous donne envie d'agir comme vous l'entendez dans le domaine amoureux, de ne pas vous laisser guider mais de prendre vous-même les initiatives. Votre vie affective est aussi l'occasion de vous positionner davantage, d'être de plus en plus vous-même et de moins en moins conforme aux attentes d'autrui. Vous vous détachez de certaines personnes pour privilégier d'autres relations, qui vous semblent plus essentielles.

Santé : elle est excellente tout le mois et particulièrement durant la seconde quinzaine où vous serez soutenu par un Mars galvanisant. Ne relâchez pas votre effort sportif ! Profitez du printemps et de l'été pour emmagasiner les vitamines et le tonus qui vous permettront d'affronter Saturne à partir de la rentrée.

	Jours agréables, constructifs	Défis, tensions, changements
Vie sociale	-	-
Vie affective	-	30
Santé	-	-

Juin

Vie sociale : ce n'est pas le mois le plus efficace ni le plus intéressant de l'année, sinon que vous êtes toujours dans cette dynamique d'inauguration de cycle, et donc dans une énergie de croissance, de renouveau. Cependant, entre le 5 et le 19, Mars va ajouter un bémol à ce tableau en vous poussant au contraire à faire face à certaines déceptions causées par des relations ou par un travail d'équipe, qui finalement ne vous apporte pas autant que vous l'espériez. C'est peut-être aussi le moment de prendre conscience que vous vous investissiez trop dans le groupe et qu'il est temps maintenant de revenir à vous-même. Cette période amorce une phase de bilan, de récapitulation, de renoncement qui débouchera en août sur une nouvelle dynamique, un nouveau cycle de deux ans.

Vie affective : c'est un mois plutôt doux sur le plan des rapports humains. Vénus, entre le 5 et le 16, vous rapproche de vos frères et sœurs, de vos voisins et de tous ceux qui forment votre entourage immédiat. Vous recherchez des rapports de complicité fraternelle, des relations légères, ludiques, peu exigeantes. C'est une période favorable aux rencontres et à la séduction...

Santé : la période du 5 au 19 peut vous rendre plus fragile et réveiller un sentiment d'insécurité où d'inconfort. Une pratique visant à maîtriser votre énergie d'une part, à prendre conscience de votre corps d'autre part, vous aiderait considérablement (yoga, arts martiaux...).

	Jours agréables, constructifs	Défis, tensions, changements
Vie sociale	-	-
Vie affective	-	-
Santé	-	-

Juillet

Vie sociale : le Soleil vous pousse, entre le 7 et le 18, à aller de l'avant, à faire preuve d'audace, d'initiative, à vous accrocher à une idée, à un projet audacieux qui vous semble important, bien qu'encore assez lointain.

À partir du 23, vous en serez récompensé : le climat se détend et vous savourez une progression facile, grâce à la complicité de l'entourage, ainsi qu'aux moyens, aux outils, aux connaissances à votre disposition. À partir du 27, vous serez de nouveau mentalement dans cette énergie plus tendue du début de mois, et réfléchirez à la façon de vous organiser pratiquement pour mettre en place ces nouveaux projets qui émergent. Ni la communication ni la réflexion ne seront forcément très faciles à cette période, où les choses sont encore assez mélangées et difficiles à exprimer, mais vous percevez une sorte de nécessité intérieure à aller de l'avant, à faire émerger quelque chose qui n'est encore qu'à l'état virtuel et qui se révélera vraiment au jour à partir du 19 août.

Vie affective : à partir du 14, les relations affectives sont un peu moins faciles si vous êtes né avant le 27 mai. Vous pouvez essuyer l'antipathie d'une personne, les remarques et les critiques de l'être cher... Bref, le charme est passagèrement rompu et vous affrontez la réalité, débarrassée des fioritures de l'imagination et des efforts mutuels de bonne volonté... N'essayez pas d'engager le dialogue après le 26, où Mercure ne sera pas dans votre camp, mais faites intervenir une personne de votre entourage pour vous porter conseil ou plaider votre cause entre le 23 et le 26.

Santé : pas de changement à signaler sur ce plan. La dernière semaine surtout vous trouve en forme. Profitez pleinement de l'été et de ses bienfaits !

	Jours agréables, constructifs	Défis, tensions, changements
Vie sociale	-	-
Vie affective	-	17
Santé	-	-

Août

Vie sociale : ce mois s'annonce dynamique, plein de projets, de réalisations en puissance. Profitez de la semaine du 4 au 9, la plus facile, la plus harmonieuse : Mercure éclaircit vos idées, facilite la communication, l'éloquence, et semble indiquer les bonnes dispositions de l'entourage.

Dès le 7, Mars entre dans votre secteur, commençant un nouveau cycle de deux ans. C'est, jusqu'au 23, une période extrêmement dynamique où de nouvelles activités vont germer, que vous réaliserez au cours des mois qui suivent. Entre le 19 et le 30, vous commencerez déjà à faire avancer les choses de manière significative, à prendre le taureau par les cornes. Vous ne serez donc pas très concerné par l'atmosphère de vacances mais aurez au contraire envie et besoin de passer à l'action.

Né après le 27 mai, les alentours du 2 annoncent les résultats de la situation de janvier : il se pourrait qu'une proposition vous soit faite qui vous oblige à prendre un risque. Ce même jour recélant (avec le 9) des opportunités chanceuses, il vous est tout à fait conseillé d'aller de l'avant et peut-être de concrétiser l'association ou la proposition qui vous avait été faite au début de l'année. Un mois donc riche, le premier véritablement intéressant et productif de l'année, qui sert de point de départ à l'année saturnienne qui va bientôt s'ouvrir.

Vie affective : Vénus regarde surtout les natifs d'avant le 26. Jusqu'au 9, vous êtes dans une période assez inconfortable sur le plan affectif, mis au pied du mur, peut-être par un ultimatum. En tout cas, il s'agit de prendre une décision, de faire un choix, de vous engager ou de vous désengager. Suite et fin de l'épisode autour du 9 octobre.

Santé : entre le 7 et le 23, vous serez investi d'une énergie nouvelle. Si vous ne la dépensez pas dans l'action, trouvez un exutoire dans l'activité physique : vous avez réellement de l'énergie à revendre, et besoin de libérer votre tension nerveuse.

	Jours agréables, constructifs	Défis, tensions, changements
Vie sociale	(2, 7), 9	(2, 7), 28
Vie affective	-	7
Santé	2, 9	7, 28

Septembre

Vie sociale : à partir de maintenant, vous entrez dans une phase où la légèreté, l'insouciance, l'approximation ne seront plus de mise. Vous voilà contraint d'assumer vos responsabilités et vos engagements antérieurs, et de faire des choix pour l'avenir. En même temps, vous avez là l'occasion de vous mobiliser dans une seule direction, de fournir un effort concentré pour parvenir à une réalisation, à une création.

Vous disposerez du soutien de Mercure entre le 5 et le 12, puis de celui du Soleil à partir du 23 : ces deux planètes soutiendront votre créativité, augmenteront votre impact sur les événements et les personnes, vous aideront à vous affirmer. Entre le 15 et le 24 se situe une période de flottement : vous êtes ralenti par des problèmes d'échange, de communication, de déplacements, de transactions bloquées ou ajournées. Ces retards vous mettront dès le 27 sur la voie d'une organisation plus rationnelle, d'une simplification de votre organisation quotidienne, en vue d'une plus grande efficacité. Cette tendance sera active jusqu'à la mi-novembre.

Vie affective : rien de nouveau en septembre. Vous êtes un peu dans le même état d'esprit qu'entre la mi-juin et la mi-juillet : sociable, tourné vers les rencontres, les moments de partage et de complicité avec le frère, la sœur, les personnes de votre entourage immédiat. Par ailleurs, le travail, la vie professionnelle semblent vous monopoliser totalement.

Santé : à partir de septembre, vous devrez faire plus attention à votre santé ; dès le 27 notamment, et jusqu'à la mi-novembre, Mercure vous invite à respecter une discipline, éventuellement à suivre un régime personnalisé, de façon à préserver une bonne hygiène de vie cet automne et cet hiver. Mais globalement, vous bénéficiez encore en septembre de l'acquis des huit derniers mois, où votre équilibre physique et moral était stable.

	Jours agréables, constructifs	Défis, tensions, changements
Vie sociale	26	10, 16
Vie affective	-	-
Santé	26	10, 16

Octobre

Vie sociale : ce mois sera essentiellement dévolu à l'organisation. Le tandem Soleil/Mercure met l'accent sur les questions d'ordre, de planification, de rationalisation du temps. Votre souci est de gagner en efficacité, de ne plus vous disperser, de disposer d'outils fonctionnels. Ce sera votre priorité jusqu'à la mi-novembre.

Jusqu'au 3, le Soleil encourage et facilite votre progression et l'expression de votre créativité. Entre le 8 et le 19 se situe une phase de ralentissement de l'activité : profitez-en, justement, pour vous occuper de l'intendance, arranger votre lieu de travail de la façon la plus motivante possible.

Vie affective : entre le 8 et le 19, la connexion se fera plus difficilement sur le plan affectif ; vous pourriez souffrir d'une sensation de rejet, d'inimitié, ou au contraire d'une trop grande demande de l'Autre. Dans tous les cas, il s'agira d'exprimer vos sentiments plus ouvertement, de montrer que vous êtes concerné par les sentiments d'autrui.

Santé : la période du 8 au 19 vous trouve plus fragile, moins résistant au froid et à la fatigue notamment. Prenez le temps nécessaire pour recharger vos batteries, vous n'êtes pas encore au bout de vos efforts !

	Jours agréables, constructifs	Défis, tensions, changements
Vie sociale	-	7, 13
Vie affective	-	14
Santé	-	7, 13, 14

Novembre

Vie sociale : après un début de mois où la communication redevient brièvement plus facile, les alentours du 11 au 18 vous replongent dans un souci d'ordre, de rangement, d'optimisation du temps et de l'espace de travail. Ce sera de nouveau votre souci majeur, mais vous êtes en train de cueillir les fruits d'un mois et demi d'efforts dans ce sens : les choses devraient donc s'organiser de façon durable à partir de cette mi-novembre.

La dernière semaine et en particulier les alentours du 30 seront les plus abrupts depuis le début de cette phase saturnienne (à la rentrée) : un partenaire (conjoint, associé, patron) intervient dans votre vie pour vous mettre au pied du mur face à vos responsabilités, éventuellement exiger davantage (trop ?) de vous-même. Il est possible que vous vous sentiez jugé ou critiqué, ou au contraire que la présence d'un tiers soit un moteur pour vous dépasser. Toujours est-il que cette fin novembre vous demandera de fournir un gros effort.

Vie affective : joli rayon de Soleil entre le 8 et le 18 – le premier depuis le mois de juin. À savourer, d'autant plus que c'est vraiment sur l'être cher et sur les enfants que Vénus brille le plus ardemment. L'amour de vos proches vous est un baume au cœur. La dernière semaine, en revanche, marque de nouveau une distance (comme vous l'avez peut-être perçue à la mi-octobre) et il devient difficile de garder ou de retrouver le contact avec le partenaire : l'un des deux s'éloigne.

Autre hypothèse : pour des raisons affectives, vous êtes mis au pied du mur, contraint de trouver en vous de nouvelles ressources pour faire face aux responsabilités à assumer.

Santé : entre le 8 et le 18, vous profitez d'une hausse de moral qui devrait également améliorer votre état physique. La dernière semaine s'annonce plus abrupte : attention aux problèmes osseux, dentaires, nerveux, respiratoires. Vous êtes plus fragile et devez vous économiser en cette fin d'année.

	Jours agréables, constructifs	Défis, tensions, changements
Vie sociale	-	24, 4, 30
Vie affective	-	24, 29, 30
Santé	-	24, 30

Décembre

Vie sociale : Saturne ne concerne ce mois-ci que les natifs d'après le 26. La première semaine annonce des problèmes de communication, d'échange, des malentendus, une sorte de blocages des énergies de part et d'autre. Difficile de négocier et de trouver un terrain d'entente dans ces conditions... Du reste, à partir du 20 (pour tout le décan), il règne un climat de tension propice aux conflits. Si vous êtes né avant le 27 en particulier, attention aux contentieux et aux rapports de force qui pourraient facilement dégénérer en batailles juridiques.

Vie affective : ce n'est pas le mois le plus excitant de l'année côté cœur. La première semaine, comme la fin novembre, marque une distance, des difficultés à se retrouver, se rencontrer, se parler ouvertement... Entre le 5 et le 14, la relation affective sera le prétexte pour mettre de l'ordre dans vos sentiments, donner la priorité à certaines relations, faire des choix en matière de temps consacré à telle ou telle personne, de façon à privilégier la relation la plus importante à vos yeux. Un souci de sélection vous anime donc.

À partir du 20, l'harmonie sera plus difficile à préserver : les tensions montent rapidement pour des questions de divergence d'opinions, voire (si vous êtes né avant le 27) de rapports de force déclarés. Une fin d'année qui vous invite tout particulièrement à cultiver la tolérance...

Santé : le début du mois surtout vous invite à vous surveiller, vous protéger, vous dorloter davantage, faire passer peut-être la notion de plaisir, de confort, devant la notion de devoir, d'obligations, qui au fil des mois à venir pourraient vous causer beaucoup de fatigue. Économisez-vous, vous n'êtes pas au bout de ce chemin saturnien !...

	Jours agréables, constructifs	**Défis, tensions, changements**
Vie sociale	-	1er, 6, 28
Vie affective	-	6
Santé	-	1er, 6, 28

Deuxième décan

Profil général de l'année

Une année particulièrement décisive et riche en événements vous attend. Le point fort se caractérise par un Uranus annonciateur de changements parfois inattendus : on pense d'abord à des changements professionnels, de nouveaux choix d'orientation, une démission ou encore un licenciement, mais on pense aussi à de nouveaux choix de vie impliquant une rupture avec un pan du passé, comme un déménagement. Ces indications doivent être bien sûr modulées par le thème natal et notamment par la sensibilité de chacun aux transits d'Uranus, mais ceux-ci annoncent généralement un virage radical dans l'existence. Ces transits ont souvent pour objet de nous réveiller ou de nous éveiller à autre chose qui était encore à l'état de potentialité endormie.

Une année de changement donc, où la relation semble d'une façon ou d'une autre jouer un rôle majeur : jusqu'en octobre, Jupiter indique l'importance d'une rencontre, d'un partenariat dans le déroulement des événements. Mais il peut aussi indiquer un aboutissement, une réalisation (jusqu'en avril), suivi par l'amorce d'un déclin (entre avril et juillet), pour se résoudre par un changement d'orientation et de nouveaux projets entre août et octobre. Ajoutons que l'importance du partenaire peut aussi signifier, dans le cadre d'un partenariat déjà installé, la remise en cause de celui-ci. L'hypothèse la plus probable est la rencontre d'une personne qui jouera le rôle de déclencheur et provoquera dans votre vie le changement annoncé.

Si vous êtes né après le 6, exploitez absolument le retour de Saturne entre mars et début juin : il vous donne l'occasion précieuse de prendre des décisions et des engagements constructifs et durables.

Vos amours

Dans ce domaine également, Uranus peut apporter des remous importants, toujours par le biais d'une rencontre, ou encore de l'officialisation d'une relation existante (mariage...). Ces deux événements semblent s'accompagner de changements et du choix de nouvelles options ; encore qu'Uranus ne nous laisse justement pas souvent le choix de prendre le gouvernail des opérations, mais nous met face à des situations inédites devant lesquelles nous ne pouvons qu'improviser et nous adapter - ce que vous savez parfaitement faire.

Une autre hypothèse est possible : celle d'un changement provenant du partenaire, du conjoint dans le cas d'une relation installée. Il pourrait alors être l'acteur, le moteur du changement. Ce n'est pas, en tout cas, l'année la plus stable de votre vie et ce n'est qu'entre mars et mai, puis en octobre (et uniquement pour les Gémeaux nés après le 6) que ce climat d'agitation et d'instabilité semble se stabiliser, s'apaiser.

Et la santé ?

Uranus est souvent assimilé aux troubles nerveux : attendez-vous à des problèmes tels qu'insomnie, spasmophilie, tachycardie, problèmes respiratoires si vous y êtes sujet... Votre système nerveux est survolté : prenez les choses en main, cultivez toute l'année une discipline visant à vous relaxer, faire descendre la pression. C'est aussi une année où il vous faudra faire preuve de prudence, notamment dans l'usage des appareils, des moteurs, des outils électriques, ainsi qu'au volant (notamment à la fin avril puis au début septembre, qui sont les périodes les plus chaotiques).

Si vous êtes né après le 6, vous accueillerez avec soulagement, entre mars et début juin, le retour de Saturne, porteur d'une relative stabilité intérieure et d'une plus grande résistance.

Janvier

Vie sociale : les trois premières semaines se passent dans un climat assez tendu de rivalité, de conflit d'opinion et d'intérêt... Coupez court à ces bagarres en engageant le dialogue, en éclaircissant les malentendus. À partir du 21, Mercure vous invite au voyage, facilite les négociations, les communications, les rapports humains.

Néanmoins, si vous êtes né avant le 6, cette fin de mois annonce les premiers remous uraniens : une rencontre ou une proposition, par exemple, pourrait bousculer l'ordre établi et vous faire entrevoir des horizons nouveaux. Vous en connaîtrez les suites entre la mi-août et la mi-septembre.

Vie affective : l'année s'ouvre sur une journée tendue, où la jalousie, les ressentiments pourraient dégénérer en une jolie dispute, mais les choses s'aplanissent ensuite. Entre le 12 et le 20, chacun revient à de meilleurs sentiments, surtout aux alentours du 12 qui, grâce à Jupiter, vous promettent des moments de pur bonheur. Le 19 est également un jour de profonde compréhension réciproque ; l'Autre vous fait rêver...

Si vous êtes né après le 6, les alentours du 22 annoncent un coup de tonnerre dans ce ciel bleu : ce sont les premières embardées uraniennes, qui peuvent se manifester soit par une séparation, soit par une rencontre qui aura un effet tout aussi décapant.

Santé : si vous êtes né avant le 6, vous allez connaître dès la mi-janvier l'agitation uranienne, surtout si votre système nerveux est fragile au départ. Ne le laissez pas s'emballer, mais trouvez plutôt un exutoire dans l'effort physique, qui sera du reste un excellent moyen de retrouver l'apaisement et l'équilibre tout au long de l'année, lorsque vous vous sentirez particulièrement survolté.

	Jours agréables, constructifs	Défis, tensions, changements
Vie sociale	15, 20, (22), 26	13, 17, (22)
Vie affective	12, 15, 19, 20	1er
Santé	12, 15, 19, 20, (22), 26	1er, 13, 17, (22)

Février

Vie sociale : février fait partie de ces temps de l'année où vous pourrez savourer quelque répit face à l'agitation générale. Profitez notamment des dix premiers jours, les plus prometteurs : vous aurez une excellente occasion de collaboration, d'association, de transactions, notamment si vos activités sont liées à l'étranger, au tourisme ou au monde de la culture, de l'enseignement... L'intervention d'un tiers dans votre vie professionnelle semble à ce stade la meilleure manière d'exploiter votre potentiel et de tirer parti des circonstances : le 3 notamment, bondissez sur les propositions qui pourraient vous échoir. Le reste du mois est calme... Profitez-en !

Vie affective : dans ce domaine, en revanche, vous aurez du mal à préserver votre sérénité. La période du 5 au 13 s'annonce pour le moins chahutée, avec dans l'air une menace de rupture. Dans certains cas, cette menace peut être en rapport direct avec la rencontre de la fin janvier, elle-même alimentée par une présence agréable à vos côtés les dix premiers jours de février.

Santé : malgré un Soleil revigorant en début de mois, la prudence reste de mise entre le 5 et le 13, où votre métabolisme est assez perturbé. Vénus pourrait vous valoir, si vous êtes une femme, des soucis gynécologiques : évitez les excès (nourriture, alcool...) qui surchargent votre organisme.

	Jours agréables, constructifs	Défis, tensions, changements
Vie sociale	2, 3, 8, 12	18, 24
Vie affective	-	7, 9
Santé	2, 3, 8, 12	7, 9, 18, 24

Mars

Vie sociale : un mois en trois temps. Les dix premiers jours, adaptez-vous aux changements de programme imprévus, à l'instabilité ambiante ; vous n'aurez guère la situation en main et ne pourrez qu'essayer de maintenir le cap dans la tempête ! Et gardez les yeux fixés sur la ligne bleue des Vosges : dès le 11, Mars vient à la rescousse pour vous aider justement à reprendre la situation d'une main énergique. Et jusqu'au 24, vous vous lancez ainsi dans l'action avec une audace et une confiance en vous alimentée par la présence d'un partenaire qui tout à la fois vous valorise et vous permet de vous imposer. Par ailleurs, si vous êtes né après le 7, vous vous sentirez considérablement soutenu dans votre action : Saturne revient à la rescousse pour trois mois, vous apportant les retombées fructueuses et constructives de septembre dernier. En ce mois de mars, vous aurez l'énergie suffisante pour tirer le meilleur parti de cette opportunité.

Dernier temps : dès le 28, les problèmes de communication arrivent au galop, accompagnés de nouvelles déstabilisantes autour du 31. Seule attitude possible : s'adapter et tirer parti de la situation !

Vie affective : de ce côté-là, vous avez retrouvé une certaine sérénité. Les dix premiers jours, Vénus vous rapproche de vos amis, dont les conseils vous apaisent considérablement. Si vous êtes né après le 6, un lien heureux et épanouissant se consolide, s'approfondit, gagne en maturité. Un joli mois pour les rapports humains.

Santé : entre le 11 et le 24, vous retrouvez toute votre énergie vitale et votre résistance, mais que cela ne vous fasse pas oublier la prudence en début de mois, puis autour du 31, où Uranus de nouveau vous fragilise sur le plan nerveux et musculaire, comme cela a déjà été évoqué.

	Jours agréables, constructifs	**Défis, tensions, changements**
Vie sociale	16, 22, 23, 29	1er, 3, 5, 9, 11, 31
Vie affective	8, 11	18, 21
Santé	8, 16, 22, 23, 29	1er, 3, 5, 9, 11, 18, 21, 31

Avril

Vie sociale : encore un mois en dents de scie. Jusqu'au 4, les communications, les échanges humains et les transactions commerciales sont toujours l'objet d'imprévus et baignent dans un climat de haute tension… En même temps, jusqu'au 10, vous disposez du soutien de vos amis, de vos relations et de votre entourage professionnels, et du groupe dont vous faites peut-être partie par ailleurs (association)... Ces éléments humains sont particulièrement rassurants et apaisants, surtout si vous êtes né après le 6 : dans ce cas, Saturne vous aide à garder le cap au milieu des intempéries, tandis que Jupiter vous vaut toujours l'appui d'un partenaire influent et bénéfique.

La semaine du 16 au 22 sera également très propice aux transactions, aux échanges, aux communications – et ce tout particulièrement si vous êtes né après le 6. En même temps (et pour tout le décan), à partir du 19, Mars entre dans une phase de tensions et rejoint Uranus aux alentours du 29 : les événements s'accélèrent, tandis que votre besoin de changement devient irrépressible. Mais, comme pour faire pendant à la tempête, Saturne est toujours là pour assurer vos arrières... Précisons que cette configuration planétaire concerne particulièrement ceux qui ont vu le jour après le 5. Si vous êtes né plus tôt, seul Mars, entre le 19 et le 27, vous regarde, ce qui peut annoncer un climat d'hostilité ou d'obstacles à surmonter.

Vie affective : le mois d'avril s'annonce important pour ce domaine des amours puisque Vénus, à partir du 20, commence un nouveau cycle en entrant dans votre décan. Nouveau cycle, nouvelle petite tranche de vie et peut-être même nouvelle vie, si l'on en croit la toile de fond uranienne (qui vous concerne si vous êtes né après le 5). À partir d'avril, vous reprenez les choses en main et vous dirigez vers une autonomie toujours plus grande, assouvissant un besoin croissant de liberté. Une séparation n'est donc pas à exclure, mais l'autre alternative est un changement de modalités de fonctionnement à l'intérieur du couple : vous ne pouvez décidément plus poursuivre dans les mêmes termes qu'auparavant. Ajoutons que ce passage de Vénus s'inscrit non seulement sur un climat de fond uranien, mais aussi simultanément au transit de Mars : un climat hautement dynamique, mais également très électrique. Si une décision importante n'est pas prise, des conflits violents risquent d'éclater.

Santé : vous êtes l'objet de pressions importantes en avril à partir du 19 : inflammations, chutes, blessures, réactions allergiques sont les manifestations possibles de cette tendance. Si vous êtes né après le 5, évitez les risques inutiles et faites en sorte d'apaiser vos nerfs survoltés...

	Jours agréables, constructifs	Défis, tensions, changements
Vie sociale	11, 16, (22), 23	1er, 14, (22), 24, 28-30
Vie affective	8, 11	23, 27, 28
Santé	8, 11, 16, 23	1er, 14, 23, 24, 27-30

Mai

Vie sociale : après le passage de Vénus à la fin avril, c'est au tour de Mercure, entre le 16 et le 22, de transiter votre décan. Cela devrait vous éclaircir les idées, vous aider à réfléchir, à vous exprimer et à vous montrer plus actif dans le domaine de la communication, des rencontres, des prises de contact. En même temps, le climat est toujours très instable (particulièrement pour ceux qui ont vu le jour après le 5), et vos réflexions, vos initiatives vous mèneront probablement vers la nouveauté, le changement, le risque. Un partenaire est toujours présent, qui semble exercer sur vous une grande influence et décupler votre motivation, mais vous ne parvenez pas réellement à vous investir dans cette relation ou cette affaire qui vous lie, les perspectives étant trop incertaines (le 20). Pourtant, Saturne est encore présent en mai (pour ceux qui ont vu le jour après le 8), ce qui devrait assurer un minimum de durabilité aux engagements. Jupiter, qui représente ici le partenaire et les opportunités dont il est porteur, se trouve pris entre les feux uraniens de changement, d'instabilité et un Saturne plus rassurant qui pose des jalons solides pour l'avenir. Une hypothèse d'interprétation serait que l'association, le contrat, soit effectivement conclue de manière satisfaisante, mais qu'elle impose un changement drastique d'orientation, d'activité.

Né avant le 5, à partir du 28 vous bénéficiez d'un Mars revigorant qui facilite les activités en équipe et rehausse votre motivation et votre combativité.

Vie affective : rien de nouveau côté cœur. Vous êtes toujours dans cette mouvance nouvelle installée depuis le passage de Vénus fin avril ; les fortes tensions sont derrière vous.

Si vous êtes né après le 6, ce qui a été dit dans le domaine professionnel peut s'appliquer également dans votre vie privée, à savoir l'installation durable, en tout cas rassurante et constructive, dans une relation nouvelle, en sachant que le prix à payer est une totale réorientation de votre vie, voire une prise de risque majeure.

Santé : le début du mois est encore très agité, mais vous vous acheminez progressivement vers un apaisement. Si vous êtes né après le 6, respectez les règles de prudence lors de vos déplacements, notamment entre le 16 et le 22, période également assez éprouvante pour vos nerfs (et donc votre système respiratoire et cardiaque).

	Jours agréables, constructifs	Défis, tensions, changements
Vie sociale	5, 6, 21, 22	11, 12, 17, 20
Vie affective	-	-
Santé	5, 6, 21, 22	11, 12, 17, 20

Juin

Vie sociale : à partir du 5, Saturne se sera éloigné sous d'autres horizons. La béquille saturnienne ne sera plus à portée de main et vous devrez compter sur votre seule capacité d'ancrage pour faire face aux intempéries et aux imprévus... Ce mois anniversaire s'annonce assez intéressant – particulièrement au moment du retour solaire, les onze premiers jours. La présence de Mars annonce une période dynamique, active, motivée essentiellement par l'équipe, l'entreprise, le cercle amical... Aux alentours du 4, vous serez combatif, passionné, convaincant et aurez la certitude de servir la bonne cause. Les alentours du 5 sont assez ambigus : d'un côté, vous ressentez l'influence du partenaire et votre collaboration comme extrêmement positive, et de l'autre vous avez peut-être peur d'y laisser quelques plumes (votre image, votre autorité, des gratifications matérielles ou sociales), et d'y perdre de votre indépendance - ce que vous ne serez pas prêt à accepter si vous êtes né après le 6. Vous aurez donc l'impression assez nette que cette collaboration ne pourra pas durer - sauf à vous mettre dans une perspective, une situation et un cadre totalement nouveaux.

Vie affective : les onze premiers jours sont assez inconfortables, soit que vous sentiez le moment venu de prendre vos distances, de prendre des décisions assez drastiques ; soit au contraire que la personne aimée soit pour vous un moteur (dérangeant mais efficace) de changement, vous poussant à aller de l'avant, à prendre des risques, à ne plus ménager la chèvre et le chou... Dans les deux cas, vous n'êtes pas dans une situation facile mais en pleine transition.

Ces tensions se dissiperont à partir du 16 où Vénus redevient aimable et sème l'harmonie, la tolérance et la douceur dans les rapports avec l'entourage. L'intervention d'un tiers dans un éventuel différend avec votre conjoint serait couronnée de succès (les 18-19).

Santé : bien que l'énergie vitale ne vous manque pas les onze premiers jours, c'est tout de même un créneau assez chaotique. Votre organisme a plus de mal à fonctionner de manière régulière et se laisse facilement perturber ; vous êtes irritable et toujours aussi nerveux (né après le 7 surtout). L'activité physique en ce début de mois sera parfaitement thérapeutique...

	Jours agréables, constructifs	**Défis, tensions, changements**
Vie sociale	(1er), 4, (5), 10, (28)	(1er, 5), 8, 9, 22, (28), 29
Vie affective	18, 19	1er-10
Santé	4, 10, 18, 19, (28)	1er, 5, 8, 9, 22, (28), 29

Juillet

Vie sociale : le passage des planètes rapides dans votre décan depuis la fin avril, qui s'est achevé au moment de votre anniversaire, a mis en place les conditions du changement et surtout les moyens pour vous d'y jouer un rôle actif. En ce mois de juillet, la semaine du 18 au 26 est une sorte de période test où vous devrez progresser dans cette direction et prendre le risque de l'innovation, autrement dit de la plongée dans l'inconnu. Vous appuyer le moins possible sur l'expérience, la connaissance, les certitudes acquises, rester vigilant pour vous adapter efficacement à la situation, quitte à inventer de nouveaux comportements, de nouveaux projets, une nouvelle façon de voir le monde, c'est ce que ce mois de juillet vous demande – et cela particulièrement si vous êtes né après le 6.

Vie affective : il ne se passe rien de nouveau depuis le mois dernier. Vous restez dans ce climat agréable et confortable d'harmonie, de bonne entente avec l'entourage, qui facilite les contacts, les nouvelles rencontres. Une période savoureuse pour l'être éminemment sociable que vous êtes.

Santé : encore un petit passage plus fragile entre le 18 et le 26. Né avant le 5, évitez les excès, que Jupiter ne vous pardonnera pas ! Né après le 6, bannissez les excitants, notamment le tabac (cela est bien sûr vrai toute l'année) et attachez-vous à apaiser votre système nerveux très sollicité, à contrôler votre respiration.

	Jours agréables, constructifs	Défis, tensions, changements
Vie sociale	-	5, 18, 25, 26
Vie affective	-	-
Santé	-	5, 18, 25, 26

Août

Vie sociale : c'est un mois en dents de scie qui s'annonce ; la première semaine surtout offre des tendances assez contradictoires. D'une part, vous avez des problèmes de communication, ou plutôt un effort à fournir pour vous faire comprendre, peut-être en utilisant des moyens nouveaux, différents. En effet, c'est une période où Mercure vous fait voir le changement dans tout ce qu'il offre de perspectives mais aussi dans tout ce qu'il exige comme risques (les 2, 6). D'autre part, vous êtes soutenu par un entourage complice, avec lequel, pendant toute la première quinzaine, les relations sont faciles et harmonieuses.

Les choses se compliquent la dernière semaine : simultanément apparaissent plusieurs planètes dont l'effet conjugué s'annonce à la fois très dynamisant (vous prenez les choses en main avec détermination) et source de discussions, voire de franches altercations (les 25, 28 surtout). Mais peut-être est-ce le prix à payer pour avancer dans vos projets, vos désirs de changements (né après le 5) ou d'association (né plus tôt). Ne restez pas inactif en cette fin août, vous pouvez faire considérablement bouger les choses...

Vie affective : le mois se déroule de façon plaisante et paisible côté cœur, du moins durant les trois premières semaines. La dernière sera beaucoup plus tonique si vous êtes né avant le 7 : des confrontations musclées s'annoncent autour du 23. Mais elle sera particulièrement savoureuse pour les natifs d'après le 6 qui reçoivent des nouvelles (ou la visite) d'une personne rencontrée à la fin juin (ou avec laquelle il s'est produit une étincelle amoureuse).

Santé : la première partie du mois s'annonce plutôt harmonieuse, en revanche la dernière semaine est assez tendue ; prudence lors de vos déplacements en voiture, mesurez vos gestes, gardez le contrôle !

	Jours agréables, constructifs	Défis, tensions, changements
Vie sociale	12	2, 6, 22, 23, 25, 28, 29
Vie affective	-	-
Santé	12	2, 6, 22, 23, 25, 28, 29

Septembre

Vie sociale : le début du mois est pour le moins explosif, mais la balle est dans votre camp ; c'est vous qui générerez les remous, les changements. Cette attitude peut prendre, pour certains, des allures de révolte : vous secouez les habitudes et l'ordre établi et êtes prêt à jouer à pile ou face, à vous lancer audacieusement dans une nouvelle aventure. Peut-être à deux, du reste, puisque le partenaire influent et bienveillant présent depuis le début de l'année sera à vos côtés jusqu'à la fin octobre en tout cas.

À partir du 12, les tensions retombent aussi brutalement qu'elles s'étaient déclarées. Et pendant une semaine, vous savourez une communication plus tranquille, plus apaisée, plus ouverte : le dialogue redevient possible et des conclusions, des accords, des affaires gratifiantes et avantageuses peuvent être conclus autour du 13.

Les alentours du 28 semblent annoncer un imprévu, une nouvelle contrariante ou l'amorce d'un conflit : surveillez les événements de ce jour, qui semblent devoir porter à conséquence à la fin octobre et jusqu'à la mi-novembre.

Vie affective : le domaine affectif semble plutôt protégé ce mois-ci, mais par ailleurs le caractère chaotique et explosif des dix premiers jours risque tout de même de vous rendre irritable, stressé... Malgré tout, vous serez très heureux de voir resurgir une personne chère avec laquelle vous avez échangé des moments savoureux et ardents durant la seconde quinzaine de juin. Autour du 3, l'étincelle de passion semble au rendez-vous – en tout cas, vous n'êtes guère indifférent et savourez ce domaine privilégié, cet îlot de complicité et d'harmonie...

Santé : à surveiller en début de mois. Attention aux problèmes vasculaires et cardiaques notamment, ainsi qu'aux réactions allergiques et aux problèmes d'ordre nerveux. Faites un stage intensif de yoga les dix premiers jours !

	Jours agréables, constructifs	Défis, tensions, changements
Vie sociale	13, 17, (18)	3, 4, 9, 11, (18), 25, 28
Vie affective	3, 4, 8, 17	-
Santé	8, 13, 17	3, 4, 9, 11, 18, 25, 28

Octobre

Vie sociale : ce mois s'annonce comme une échéance importante pour ceux qui ont vu le jour entre le 4 et le 8 juin. Le 9 est ambigu : pour la troisième et dernière fois se reforme l'aspect entre Jupiter et Uranus, symbolisant le changement lié au partenaire, annoncé cette année. Les changements en puissance depuis janvier vont donc s'actualiser en octobre et aboutir. Simultanément, le 9 est aussi un jour extrêmement prometteur pour tout ce qui concerne les projets et créations en partenariat ou sous forme de contrat. On pourrait en conclure que la concrétisation d'un accord, d'une association s'accompagne pour vous d'un changement de vie important, voire d'un changement d'activité. Les alentours du 24 pourraient ramener à l'actualité un événement ou une discussion de la fin septembre ; le problème ne sera réglé qu'aux alentours du 11 novembre.

Le tout début du décan est définitivement sorti de la tempête et savourera un mois paisible et harmonieux, surtout les tout premiers jours où la motivation est soutenue et la créativité (qui, en ce qui vous concerne, s'applique à la communication sous toutes ses formes) épanouie.

Si vous êtes né plus tard, vous serez les privilégiés de ce mois d'octobre. Le très bel aspect qui se produit entre Jupiter et Neptune le 30 vous concerne tout particulièrement et semble signifier que l'intervention d'un tiers (proposition de collaboration, d'association ?) vous donnera l'occasion d'exprimer un potentiel artistique, ou de réaliser une aspiration humanitaire, spirituelle ou mystique... Ce climat déploie en tout cas en vous une immense capacité de générosité et de compassion, et vous aide à semer cela autour de vous.

Vie affective : après plusieurs mois de mer d'huile, octobre s'annonce plus abrupt. À partir du 19, Vénus vous devient hostile, ce qui va réactualiser le climat d'instabilité qui règne depuis de longs mois (surtout si vous êtes né entre le 4 et le 8) ; les alentours du 25 pourraient remettre en cause l'équilibre de votre relation qui semble avoir besoin de se transformer pour grandir. Là encore, optez pour l'innovation, faites appel à votre imagination...

Santé : excellente pour la fin du décan, votre forme peut laisser à désirer si vous êtes né entre le 4 et le 8 ; c'est toujours le système nerveux, mais aussi le système artériel et cardiaque qui est fragilisé par la configuration uranienne...

	Jours agréables, constructifs	**Défis, tensions, changements**
Vie sociale	(9), 11, 13, 21, 30	(9), 16, 23, 24
Vie affective	-	25, 29
Santé	11, 13, 21, 30	9, 16, 23, 24, 25, 29

Novembre

Vie sociale : la majeure partie du mois (jusqu'au 25) est dévolue à l'organisation ; programmes et planification, classement et organisation des données ou des outils... Vous avez besoin d'un espace de travail plus rationnel, besoin aussi de sélectionner vos activités et de mettre de l'ordre dans vos priorités dans un souci de plus grande efficacité.

Si vous êtes né autour du 6, vers le 11 vous devriez entendre parler de la discussion ou de la nouvelle survenue à la fin septembre et de nouveau à l'actualité à la fin octobre : c'est le moment d'en gérer les conséquences, de régler le problème soulevé.

Vie affective : retour à un climat plus harmonieux et plus doux, avec une Vénus complice entre le 18 et le 26. Elle vous rapproche de l'être aimé, des enfants et de ceux qui vous sont chers, avec lesquels vous avez le souci de partager davantage de loisirs et de plaisirs communs. Pour les natifs d'après le 7, cette semaine savoureuse s'inscrira dans une toile de fond neptunienne qui donne à l'expérience vécue une dimension plus vaste, plus poétique, plus inspirée... Vous avez véritablement le sentiment de faire partie d'un tout, de vous intégrer harmonieusement à l'univers qui vous entoure.

Santé : de la même façon que vous avez le souci de mieux organiser votre quotidien, de mieux gérer votre travail, vous aurez également celui de vous occuper de votre santé, de respecter davantage vos besoins et vos rythmes biologiques, peut-être de commencer un régime... Entre le 18 et le 26, vous savourez un bien-être sans nuage.

	Jours agréables, constructifs	**Défis, tensions, changements**
Vie sociale	17	11, 19
Vie affective	26	-
Santé	17, 26	11, 19

Décembre

Vie sociale : le partenaire, l'associé ou le conjoint est de nouveau (comme il l'a été de façon significative de janvier à octobre) en exergue. Les événements de la première quinzaine tourneront essentiellement autour du partenariat, de la relation - ou de la rupture... Si vous êtes né avant le 9, le scénario de la rupture (contrat ou relation) n'est pas à exclure si telle a été la tendance latente entre février et octobre. Le passage à l'acte semble se faire en décembre (les 7, 9, 11).

Autre hypothèse : vous parvenez en cette fin d'année à l'aboutissement d'un projet nouveau et novateur conçu au moment de votre anniversaire. Dans ce cas, vous êtes résolument dirigé vers une situation nouvelle et libératrice pour certains.

Si vous êtes né plus tard, l'importance du partenaire se traduit surtout par une ouverture intérieure que vous avez dû percevoir au début de l'année, et avant cela au printemps 2006 : ouverture artistique (musicale notamment), rencontre majeure dans votre évolution sociale ou spirituelle, en fonction de vos priorités. Une rencontre illuminatrice et enrichissante est tout à fait possible aux alentours des 12-14.

Vie affective : ce qui a été dit à propos de la relation de travail peut être transposé dans la vie affective. Pour les personnes nées avant le 9, la première quinzaine marque la concrétisation de ce qui a été en puissance toute l'année.

Entre le 14 et le 22, vous vous montrerez plus sélectif dans vos relations et éprouverez une exigence de qualité relationnelle. Vous serez moins tolérant avec les personnes dont la compagnie ne vous apporte pas grand-chose. Le couple vous aidera à clarifier vos objectifs, à organiser votre vie d'une façon cohérente avec vos priorités.

Santé : la deuxième semaine est assez chaotique pour ceux qui ont vu le jour avant le 9. Uranus vous met de nouveau sur le gril, et met vos nerfs à l'épreuve... Cultivez la sérénité et évitez les risques inutiles, surtout lorsque le risque peut venir d'en face !...

	Jours agréables, constructifs	**Défis, tensions, changements**
Vie sociale	(9), 12, 14	7, (9), 11, 16
Vie affective	-	5
Santé	(9), 12, 14	5, 7, (9), 11, 16

Troisième décan

Profil général de l'année

C'est une année importante, enrichissante qui se présente à vous, que l'on peut qualifier d'initiatique pour certains. On note tout d'abord le retour de Saturne qui, durant les deux premiers mois de l'année, vous apporte les premières retombées ou les premières réflexions à propos d'une action entreprise depuis septembre 2006. Cette rentrée s'est placée sous des augures constructifs et vous a permis d'élaborer un travail sur le long terme. Vous allez en tirer les retours gratifiants entre juin et début septembre. Ces trois mois seront, avec janvier et février, les plus satisfaisants, les plus constructifs de l'année : Saturne vous donnera l'impression d'avancer patiemment dans une direction bien établie, avec une constance qui étonnera votre entourage...

Ces tendances saturniennes s'inscrivent, si vous êtes né avant le 15 juin, sur une toile de fond neptunienne dont les manifestations possibles sont multiples. Tout d'abord, Neptune installe une sorte de sérénité, de confiance, voire de foi, qui vous permet un certain détachement par rapport aux petits soucis de l'existence, et une vision plus détachée et plus élargie du monde. Ensuite, Neptune peut favoriser un succès social, une inscription importante dans le collectif, si vos ambitions dépassent vos propres intérêts.

En allant plus loin, Neptune concerne aussi notre évolution spirituelle, notre lien avec l'univers, et permet d'éprouver un intime sentiment d'unité et peut-être de correspondance de chacun des éléments de l'univers les uns avec les autres.

Si vous êtes né après le 14 juin, c'est un tout autre climat qui caractérisera cette année : l'opposition de Pluton, événement tout au plus unique dans une vie humaine, est un temps de profonde remise en cause, notamment du couple, du partenariat, mais plus largement de la relation à l'autre, du mode de communication avec vos semblables. Cela, c'est la question de fond qui sera posée cette année ; mais elle peut prendre de multiples formes, comme un bras de fer avec un adversaire puissant – personne, institution, entreprise, administration... Il s'agit certainement d'un face-à-face avec le pouvoir (y compris celui de l'argent) mais plus profondément aussi c'est un face-à-face avec vous-même, avec votre « ombre », avec la partie secrète et peut-être inconnue, refoulée, rejetée de votre personnalité. Prenez cette expérience plutonienne comme une occasion d'investigation de votre inconscient – c'est d'ailleurs une année privilégiée pour se lancer dans l'aventure intérieure de la psychanalyse.

En août, la rencontre entre Saturne et Pluton s'annonce extrêmement positive, constructive et féconde sur le plan relationnel : il peut s'agir de la signature d'un contrat important ou de la résolution satisfaisante d'un conflit. Dans tous les cas, un accord gratifiant peut être conclu.

Décembre apporte un verdict à l'ensemble de l'année : vous n'aurez pas la situation en main à ce moment-là mais serez au contraire totalement dépendant d'un partenaire disposant de tous les pouvoirs (juridiques et financiers notamment). Fort de cette information, à vous de mener votre barque...

Vos amours

Si vous êtes né avant le 15, Saturne stabilise votre existence dans nombre de domaines (sous réserve que votre thème personnel ne reçoive des informations différentes). Il n'y a donc pas de changement notable dans votre vie, si ce n'est peut-être en novembre, qui s'annonce comme favorable à une rencontre épanouissante ou à l'officialisation d'un lien existant.

Si vous êtes né après le 14 en revanche, la relation risque d'être passablement ébranlée cette année : la remise en cause se focalise d'abord sur la relation à l'Autre et, dans le cas d'une séparation, le conflit risque d'être assez musclé. Vous remettez tout en question. Pluton vous dote d'une lucidité et d'une exigence qui ne laissent aucune place aux faux-semblants ou aux compromis : les relations qui ne sont pas fondées sur des bases profondes, saines, solides, ne résisteront probablement pas à la tempête plutonienne. Toutefois, le contexte planétaire étant plutôt harmonieux, on penche davantage vers une transformation de la relation que vers une séparation brutale, d'autant plus qu'en août les relations semblent se résoudre en une (ré)conciliation harmonieuse. Décembre se présente comme le mois le plus décisif de l'année. C'est une période où vous aurez du mal à garder vos objectifs et vos priorités en vue ; au contraire, vous aurez tendance à tout voir et tout juger à travers les yeux du partenaire et de ses propres objectifs. Celui-ci se présente en effet comme porteur d'une influence, d'un pouvoir remarquable. Il est vrai que la collaboration et la conciliation semblent être l'attitude la plus intelligente à adopter, toute forme de rapport de force étant quasiment vouée à l'échec et pouvant dégénérer en procès.

Et la santé ?

La résistance sera excellente en janvier-février, puis entre juin et août. Si vous êtes né après le 14 juin, soyez attentif à votre état général et n'hésitez pas à effectuer un bilan annuel : Pluton peut favoriser des retours de refoulé avec toutes les somatisations qui en découlent. Un suivi psychothérapeutique serait également une excellente prophylaxie.

Janvier

Vie sociale : le partenaire donne le top. Durant la première quinzaine, vous êtes dans une position subalterne ou dépendante, ou encore réactive aux décisions, aux actions – voire aux attaques, pour certains – venant d'en face. Si vous avez vu le jour avant le 15 juin, cette intervention d'un tiers (qui peut être l'associé, le conjoint, le patron...) vous sera extrêmement constructive et bénéfique sur la durée. Prenez ensemble des résolutions énergiques autour du 8. Plus tard dans le mois (vers le 28), vous disposerez également d'excellentes opportunités d'accords durables et fructueux.

Si vous êtes né plus tard, le climat est beaucoup plus chaotique et les alentours du 13 notamment annoncent un affrontement qui s'apparente à une sorte de bataille rangée... Inutile de chercher à combattre un adversaire aussi bien armé, à moins que vous ne cherchiez à jouer David contre Goliath... Attendez plutôt début février où des solutions de conciliation devraient se présenter.

Vie affective : il en va de même dans le couple ; la première quinzaine peut être extrêmement dynamisante et porteuse pour le début du décan, mais au contraire très houleuse (les 14-15 surtout) si vous êtes né après le 15. Dans tous les cas, la semaine du 20 au 28 annonce un apaisement, peut-être à l'occasion d'un voyage, qui serait une initiative lumineuse : de belles possibilités de réconciliation s'offrent autour du 26. Né avant le 16, vous pourriez jouer les médiateurs ou les messagers entre deux personnes éloignées.

Santé : si le début du décan jouit d'une résistance à toute épreuve, la prudence est néanmoins de mise jusqu'au 16, surtout pour les natifs d'après le 14 qui pourraient somatiser une colère rentrée ou des angoisses plus ou moins fondées. Retour au calme dès le 20...

	Jours agréables, constructifs	Défis, tensions, changements
Vie sociale	6, 8, 28	13, 16, 22
Vie affective	20, 22, 26	13-16
Santé	6, 8, 20, 22, 26, 28	13-16

Février

Vie sociale : ce mois globalement clément s'ouvre avec une journée prometteuse (si vous êtes né après le 16) puisque porteuse de mesures de conciliation avec un partenaire, ou plutôt un adversaire. Mercure revenant à la même position le 28, il y aura donc des retombées extrêmement positives de vos discussions et accords en cette fin de mois. Toutefois, le 2 est de nouveau un jour de tension, de rivalités puissantes : ne vous laissez pas diriger par vos émotions, vos réactions.

Pour l'ensemble du décan, la période du 9 au 19 s'annonce plutôt positive : né avant le 15 juin, exploitez la journée du 10 qui susceptible de vous permettre, là encore, de faire le lien entre deux personnes éloignées géographiquement ou moralement, ce qui pourrait vous servir plus tard. Pourtant, à partir du 12, il flotte un climat de tension, de rivalité, de conflit larvé : à vous de ne pas tomber dans le piège du rapport de force !

Si vous êtes né après le 16, la nouvelle lune du 17 vous est extrêmement propice : à exploiter absolument pour récupérer le terrain éventuellement perdu, vous imposer et mettre en place un nouvel objectif lié à l'étranger ou au monde de la culture et des médias.

Vie affective : Vénus vous boude entre le 13 et le 21 ; vos amours sont entre parenthèses. Cela ne vous affectera guère, sauf si vous êtes né après le 16 juin. Dans ce cas, le contexte plutonien pourrait correspondre à des rivalités, des accès de jalousie, un climat de dissimulation ou de rapport de force plus ou moins larvé dans le couple. En somme, la relation vous blesse là où vous êtes actuellement fragile, c'est-à-dire dans votre sentiment d'impuissance vis-à-vis de l'autre. Plus profondément, vous êtes peut-être parvenu au stade où vous avez besoin que votre relation évolue, se transforme, et cette semaine sera celle des mises au point (le 20). Les alentours du 28 vous aideront à mieux communiquer sur cette question délicate.

Santé : à partir du 12, des colères rentrées risquent d'être somatisées si vous n'en parlez pas. Exprimez-vous, par la parole ou à travers une activité physique qui peut servir d'exutoire aux tensions. Si vous êtes né après le 16, les alentours du 20 sont également à surveiller sur le plan gynécologique si vous êtes une femme.

	Jours agréables, constructifs	Défis, tensions, changements
Vie sociale	1er, 10, 17, 28	2, 13
Vie affective	-	19, 20
Santé	1er, 10, 17, 28	2, 13, 19, 20

Mars

Vie sociale : jusqu'au 18, Mercure vous promet de cueillir les résultats d'une proposition, d'un projet de voyage, d'une affaire remontant à fin janvier-début février. Les choses devraient se dénouer et se concrétiser entre le 8 et le 18.

Les rivalités, les rapports de force qui ont commencé autour du 12 février risquent de se durcir entre le 4 et le 21. Si vous êtes né après le 16, évitez les affrontements autour des 16 et 19, où vous risquez de vous sentir assez impuissant face à des adversaires disposant d'un pouvoir - notamment financier - important.

Le début du décan n'est plus concerné par Saturne qui s'est éclipsé momentanément[1]. Ce qui a été mis en place entre septembre 2006 et février de cette année va progresser à bas bruit, de façon discrète, sans que vous ayez à vous en occuper avant le mois de juin.

Pour tous, la combativité, l'efficacité, le dynamisme seront rehaussés par un Mars galvanisant à partir du 24.

Vie affective : le climat côté cœur est assez complexe et ambigu. Si vous êtes né après le 16, une discussion féconde pourrait être engagée autour du 16, qui ferait écho à celle du 1er et du 28 février. Même si elle se passe dans un contexte assez orageux, elle aboutirait vers le 17 à une réconciliation passionnée et sincère. Néanmoins, la nouvelle lune du 19, puis le 29 annoncent de nouvelles remises en question à propos du couple. Il faudra vous y habituer : toute l'année est en dents de scie dans ce domaine de la relation à l'autre.

Si vous êtes né plus tôt, le climat est beaucoup plus calme. Vous savourerez entre le 9 et le 16 une semaine harmonieuse, surtout avec votre entourage amical. Cela compensera peut-être des relations plus tendues avec le conjoint entre le 4 et le 18. À partir du 22, vous serez plutôt dans une humeur plus sélective, plus exigeante aussi, et aurez besoin de faire le tri dans vos sentiments et vos relations...

Santé : entre le 4 et le 18, Mars annonce un climat de conflit (avec vous-même ou avec autrui) qui pourrait donner lieu à des inflammations, de la fièvre, des blessures ou des abcès...

---

1. Il a rétrogradé dans le décan précédent.

Si vous êtes né après le 16 notamment, méfiez-vous de l'effet Cocotte-Minute - qui du reste vous menace toute l'année - et gardez toujours à l'esprit la nécessité de vous exprimer d'une part, et de vous dépenser de l'autre.

	Jours agréables, constructifs	Défis, tensions, changements
Vie sociale	2, (16), 17, 25	12, (16), 19
Vie affective	9, 10, 17	29
Santé	2, 9, 10, 17, 25	12, 16, 19, 29

Avril

Vie sociale : les giboulées de mars sont bien derrière vous et ce mois printanier s'annonce beaucoup plus calme. Jusqu'au 6, une bonne énergie vous anime : c'est le moment de prendre les choses en main. Né après le 16, vous déplacerez des montagnes le 16 !

La semaine du 4 au 10 annonce toutefois des perturbations dans les communications et les déplacements : gare aux quiproquos, aux retards postaux, aux rendez-vous annulés à la dernière minute... Ces problèmes risquent de prendre une ampleur particulière si vous êtes né après le 16 (autour du 10, ne montez pas les malentendus en épingle).

À partir du 10 se situe une plage agréable où vous vous sentirez soutenu par vos amis ou votre équipe, ce qui débouchera autour des 19 et 26 sur de belles conciliations si vous êtes né après le 16.

Vie affective : Vénus va commencer un nouveau cycle à partir du mois prochain : vous êtes donc dans la dernière phase de son cycle actuel, phase du bilan, de la récapitulation. C'est aussi la phase où vous vous débarrassez des attentes anciennes devenues caduques ; phase de déclin de l'énergie et des sentiments avant le renouveau : privilégiez les moments pour vous-même, le retour sur soi - et la place des amis à partir du 10.

Santé : vous savourez une nette amélioration par rapport au mois dernier. En particulier, la première semaine vous promet un tonus vital tout à fait printanier, et le reste du mois se déroule dans un bien-être sans nuage.

	Jours agréables, constructifs	Défis, tensions, changements
Vie sociale	5, 11, 13, 17, 19, 23, 26	9, 10
Vie affective	-	-
Santé	5, 11, 13, 17, 19, 23, 26	9, 10

Mai

Vie sociale : ne comptez pas sur la facilité pendant les quinze premiers jours ; Mars annonce des contrariétés, des luttes, des obstacles... Pour les Gémeaux nés après le 16, cela peut prendre la forme d'une véritable foire d'empoigne (les 3, 4, 13), mais le conflit frontal sera à éviter car ils ne seront pas encore en position de force. De nouveau, les alentours du 27 annoncent des discussions animées et intenses. Exprimez-vous, jouez cartes sur table, c'est le moment !

Si vous êtes né avant le 17, profitez des quelques jours entre le 22 et le 26 pour mettre de l'ordre dans vos idées et laisser libre cours à votre inspiration si vous écrivez ou si vous parlez en public : vous serez littéralement porté, guidé de l'intérieur.

Vie affective : durant toute la première semaine, Vénus va donc traverser votre décan, commençant ainsi un nouveau cycle, ce qui va donner un second souffle à vos sentiments. Si vous êtes né avant le 16, cette nouvelle tranche de vie affective se place dans un contexte très propice à l'épanouissement, à l'osmose amoureuse, voire à la communion des âmes... Neptune élève les sentiments à un niveau idéal, poétique, romantique. Si vous êtes né après le 15, vous risquez de toucher du doigt le problème de confiance qui érode votre relation, et qui peut engendrer ressentiments, doutes, jalousies... Vous ne vous sentez pas en sécurité face à cet autre qui tout à la fois vous fascine et représente un danger. Une discussion serait alors bienvenue en fin de mois pour dissiper ces fantômes.

Santé : Mars, la première quinzaine, vous expose aux inflammations, aux chutes, blessures, brûlures et réactions allergiques... Né après le 16 juin, vous êtes plus fragile aux alentours du 13 notamment : surveillez vos zones sensibles (probablement les systèmes nerveux et respiratoire).

	Jours agréables, constructifs	Défis, tensions, changements
Vie sociale	6, 10, 23, (27)	3, 4, 6, 12, 13, (27)
Vie affective	1er	6, 7
Santé	-	-

Juin

Vie sociale : une bonne nouvelle pour ceux qui sont nés avant le 15 juin, Saturne revient pour la troisième et dernière fois à la position qu'il tenait en septembre 2006, puis en janvier et février derniers. Juin sera pour vous le temps de la concrétisation et peut-être celui de la consécration si l'on en croit la présence de Neptune (quasi constante toute l'année) qui donne à vos réalisations une envergure et un impact plus larges, pouvant se situer à l'échelle collective. Simultanément, entre le 10 et le 15 se situe une des périodes les plus dynamiques, efficaces et constructives de l'année, où Neptune vous inspire pour réaliser une action puissante, ambitieuse, durable... En somme, vous avez là les moyens de franchir un pas décisif dans votre parcours professionnel. Si vous êtes né plus tard, la semaine du 15 au 22 s'annonce remarquablement féconde : Pluton donne à vos actions une ampleur et une efficacité redoutables !... C'est dans ce climat de créativité effervescente que s'inscrit votre anniversaire, ce qui est d'excellent augure pour l'année à venir...

Vie affective : entre le 11 et le 21 se situe une période assez déplaisante où l'amour semble vous glisser des doigts, où l'Autre vous échappe ou vous défie. La situation est inconfortable, voire douloureuse autour du 19 si vous êtes né après le 15, mais elle s'inscrit pourtant dans un processus de croissance, de construction. Pas de panique donc, gardez aux problèmes et aux questions qui se posent leur juste proportion. Si vous êtes né avant le 14 juin, vous savourerez les tout derniers jours du mois, particulièrement harmonieux.

Santé : excellente forme tout le mois et surtout entre le 11 et le 24, où vous disposerez de ressources vitales décuplées. Néanmoins, si vous êtes né après le 15 juin, vous ne brillerez peut-être pas par votre forme morale et physique aux alentours du 19 : dans ce cas, parlez-en et organisez des activités sportives avec votre groupe d'amis. Cela vous fera le plus grand bien !

	Jours agréables, constructifs	Défis, tensions, changements
Vie sociale	6, 11, 13, 21, 25	2, 15, 19, 29
Vie affective	30	11-21
Santé	6, 11, 13, 21, 25, 30	2, 15-20, 29

Juillet

Vie sociale : en juillet, Saturne a progressé de quelques degrés sur le zodiaque. Il concerne maintenant tous ceux qui ont vu le jour avant le 18 juin. Il forme un contexte stabilisant, équilibrant, rassurant, propice aux projets de longue haleine.

Pourtant, ce mois de juillet ne sera pas le plus confortable : jusqu'au 16, vous êtes face à des échecs ou des obstacles qui vous poussent à lâcher prise, à renoncer à des activités qui ont fait leur temps. Pour ceux qui ont vu le jour après le 14, c'est un moment de confrontation assez musclée (autour du 11), où le partenaire cherche à vous intimider, vous déstabiliser. Vous savourerez la présence à vos côtés de personnes fidèles et avisées durant cette période.

À partir du 28, vous reprenez du poil de la bête et retrouvez une certaine confiance en vous en vous ouvrant à des perspectives de renouveau.

Vie affective : vous êtes entré fin juin dans une période fort harmonieuse et riche sur le plan humain. Jusqu'à début octobre, Vénus va aller et venir dans le signe ami du Lion, vous promettant de longs mois constructifs et féconds pour votre vie relationnelle et amoureuse. Si vous êtes né entre le 11 et le 15, le mois s'ouvre sur une journée stabilisante : la rencontre entre Vénus et Saturne consolide une relation, l'approfondit. Vous sentez que des jalons se posent pour l'avenir, qu'une relation authentique et peut-être assez fraternelle est en train de grandir.

Si vous êtes né après le 14, les événements qui vont se produire jusqu'au début de l'automne guériront nombre de blessures passées : c'est une période de profonde réconciliation, de retrouvailles, de transformation, des rapports de force passés en pardon, en connivence, en sentiments passionnés. En juillet, ce sont les alentours du 9 qui seront les plus caractéristiques à cet égard.

Santé : Saturne est un puissant garant de résistance aux maladies, d'endurance à l'effort et de reconstruction ; il concerne en juillet les natifs d'avant le 18 juin. Cependant, Mars expose tout le décan à des inflammations jusqu'au 15, surtout si vous êtes né autour du 18.

	Jours agréables, constructifs	**Défis, tensions, changements**
Vie sociale	3, 16, 30, 31	11, 27
Vie affective	1er, 9	-
Santé	1er, 3, 9, 16, 30, 31	11, 27

Août

Vie sociale : un mois magnifique en perspective, probablement le meilleur de l'année ! Saturne et Pluton se rencontrent en un harmonieux trigone, ce qui devrait permettre à ceux qui souffrent d'une situation conflictuelle de trouver une résolution dans un accord amiable posant des bases saines pour l'avenir. Les douze premiers jours sont vécus un peu sur le mode du défi : il s'agit d'aller de l'avant, de renoncer aux habitudes, de se jeter à l'eau. Vous ne prenez pas beaucoup de risque avec un Saturne protégeant vos arrières ; et entre le 13 et le 23 se situe la période la plus féconde, la plus constructive. Les contacts, les rencontres, la correspondance, les échanges *via* Internet... tout ce qui est de l'ordre de la communication porte ses fruits de façon spectaculaire. Vous êtes inspiré dans vos actions ; vos initiatives ne resteront pas lettre morte, mais concourront au contraire à la fois à une résolution des conflits et rivalités (procès inclus...) et à une stabilisation professionnelle.

Vie affective : très joli mois également côté cœur ; entre le 9 et le 26, Vénus revient à la position qu'elle tenait entre la fin juin et la mi-juillet, ce qui va vous permettre de revenir sur certaines rencontres, échanges, correspondances du mois dernier qui vont donner les plus heureuses conséquences. Les liens s'approfondissent, se tricotent sur la durée.

Santé : vous voici consolidé par la configuration saturnienne, qui augmente votre résistance physique et vous permet éventuellement de venir à bout des somatisations plutoniennes si vous êtes né après le 14 juin.

	Jours agréables, constructifs	Défis, tensions, changements
Vie sociale	6, 12-21, 27	4, 10, 23
Vie affective	13, 15, 17, 18, 25, 27	-
Santé	6, 12-21, 25, 27	4, 10, 23

Septembre

Vie sociale : Saturne et Neptune, qui formaient les deux éléments apaisants depuis le début de l'année, vont maintenant s'éloigner. Reste en toile de fond un Pluton transformateur qui regarde surtout les personnes nées autour du 17 juin.

Les cinq premiers jours, puis la décade située entre le 13 et le 23 sont des périodes de mise au défi : vous êtes dans cette phase (assez fréquente pour vous à la rentrée) où vous devez faire un effort pour vous affirmer, agir, mettre à exécution vos projets. Les alentours du 3, du 19 et du 21 seront particulièrement intenses pour les personnes nées entre le 15 et le 19 juin, car leur désir d'action s'oppose de nouveau à l'emprise d'un partenaire qui vous met des bâtons dans les roues et fragilise votre confiance en vous. Ne vous laissez pas intimider !

Mars traverse votre décan entre le 9 et le 28, ce qui va décupler votre énergie pour entreprendre et innover. Certes, cette énergie devra trouver les moyens de s'imposer malgré le pouvoir de l'Autre (du supérieur hiérarchique, du conjoint...) si vous êtes né entre le 15 et le 19, mais vous ne serez pas désarmé : entre le 19 et le 27, Mercure sera dans votre camp, aiguisant votre capacité d'analyse, d'expression, de communication, de conviction. Ceux qui ont vu le jour entre le 15 et le 19 en tireront le meilleur bénéfice. En somme, un mois assez passionnant, pas forcément facile, mais qui vous donne tous les moyens de progresser de façon significative.

Vie affective : vous baignez toujours dans la même douce harmonie installée progressivement depuis la fin juin ; à partir du 22, Vénus prépare son dernier passage, ce qui vous promet une fin de mois tout à fait savoureuse, voire torride si vous êtes né entre le 15 et le 19 : des réconciliations, des retrouvailles ardentes sont très probables. Le dialogue sera précieux entre le 19 et le 26, comme le seront vos élans spontanés, généreux et passionnés entre le 9 et le 28.

Santé : une immense énergie vous anime entre le 9 et le 28 ; si vous parvenez à lui trouver un exutoire, vous serez dans une forme rayonnante. Si au contraire cette énergie se trouve bloquée et incapable de se libérer, elle peut se retourner contre vous et vous valoir des inflammations et des résurgences de problèmes chroniques ou encore la manifestation d'un trouble de santé latent (cela concerne surtout les natifs du 15 au 19). Moralité : faites du sport, allez parler à un psychothérapeute ou lancez-vous dans l'action avec audace ; trois formules prophylactiques efficaces.

	Jours agréables, constructifs	Défis, tensions, changements
Vie sociale	-	3, 17, 19, 21
Vie affective	-	-
Santé	-	3, 17, 19, 21

Octobre

Vie sociale : vous devriez être assez content de ce mois d'octobre. Même si, jusqu'au 19, la communication laisse à désirer (surtout à partir du 12 où les problèmes semblent s'aggraver), vous sentez que les problématiques soulevées apporteront des réponses qui vous aideront à vraiment progresser. Du reste, à partir du 14, le tandem Soleil/Mercure soutient votre progression, votre créativité et votre activité et vous donne les moyens de donner toute votre mesure si vous êtes né entre le 15 et le 19. Pour les autres natifs, c'est un mois facile et sans nuage qui sera à savourer...

Vie affective : profitez des huit premiers jours, où Vénus sera encore présente pour adoucir les rapports humains et embellir la vie en général. Né entre le 15 et le 19, vous en profiterez à fond, les alentours du 3 annonçant les résultats savoureux de ce qui a été vécu début juillet : rencontre, réconciliation... Vous sortez ensuite de cette phase de facilité relationnelle, mais aussi d'une forme assez adolescente ou fraternelle de relation, pour entrer dans une relation plus aboutie ou plus exigeante à partir du mois de novembre. La dernière semaine, misez sur le dialogue, encouragé par Mercure.

Santé : elle est excellente tout le mois. Vous retrouvez un rythme plus apaisé par rapport au mois de septembre où vous étiez plus survolté. Savourez la douceur de ce début d'automne...

	Jours agréables, constructifs	Défis, tensions, changements
Vie sociale	17, 20, 26	-
Vie affective	3, 7	-
Santé	3, 7, 17, 20, 26	-

Novembre

Vie sociale : Jupiter apparaît dans le secteur opposé, mettant l'accent sur un partenaire (ou un adversaire) de taille. Si vous parvenez à entrer dans ses bonnes grâces, votre succès est assuré !

C'est un mois en dents de scie : la première et la troisième semaines vous invitent à revoir vos priorités, à réaménager vos activités. Jusqu'au 11, vous serez aidé dans votre réflexion et votre communication par un Mercure ami, lequel fera le lien de manière extrêmement efficace avec un partenaire qui semble vous offrir ou vous valoir indirectement des occasions tout à fait providentielles (né avant le 17).

Si vous êtes né après le 15, les réaménagements seront plus drastiques (autour du 4 et 20) mais les moyens à votre disposition pour les gérer seront également plus importants (autour du 8, où vous récoltez les fruits d'une proposition ou d'une affaire de la fin septembre).

Vie affective : deux temps dans votre vie privée ; la première semaine vous oblige à vous positionner - ce qui peut aussi vouloir dire vous positionner contre un partenaire trop exigeant, trop envahissant ou encore abusif par certains comportements (né après le 16). Le dialogue sera le meilleur moyen pour désamorcer les contentieux. En revanche, à partir du 26, Vénus vous redevient amie : si vous êtes né avant le 17, vous savourerez ces quelques jours de complicité et de tendresse.

Santé : jusqu'en décembre, c'est une période où les toxines se libèrent. Les éventuelles somatisations doivent d'abord être prises dans ce sens, comme un nettoyage de l'organisme. Essayez toujours de revenir à la cause des maux et d'en comprendre la signification symbolique.

	Jours agréables, constructifs	**Défis, tensions, changements**
Vie sociale	8, (12,13)	4, (12,13), 20
Vie affective	-	5, 6
Santé	8, (12,13)	4-6, (12,13), 20

Décembre

Vie sociale : décembre se présente comme une échéance décisive puisqu'il s'agit de la très rare rencontre entre Jupiter et Pluton dans le décan opposé du Sagittaire. Celle-ci va vous concerner en priorité si vous êtes né après le 16 juin. Il s'agit d'un temps d'accomplissement, d'aboutissement qui peut prendre plusieurs tournures en fonction de votre thème natal : succès social, financier, professionnels spectaculaires, gratifications honorifiques, ou encore association prometteuse et providentielle avec une personne disposant de moyens, de pouvoir, d'autorité ; ou encore, rivalité ayant couvé toute l'année et se soldant à présent par un affrontement juridique. Quoi qu'il en soit, les planètes mettent le partenaire sous les feux de la rampe ; à vous d'être bien disposé à l'égard d'une collaboration éventuelle !

Si vous êtes né avant le 17 juin, les enjeux seront bien moindres et la possibilité d'une association fructueuse semble l'hypothèse la plus probable.

Vie affective : savourez les cinq premiers jours qui seront tout à fait délicieux, surtout si vous êtes né après le 16 juin. Le pardon amène une réconciliation qui efface les doutes et les souffrances passées. Prenez juste garde de ne pas donner à l'Autre le pouvoir de détenir la clé de votre propre bonheur. Du reste, les alentours des 17-19 semblent vous rendre plus lucide et plus exigeant, aussi bien à l'égard du partenaire qu'en ce qui vous concerne.

Santé : plus encore qu'en novembre, le climat de cette fin d'année semble favoriser une élimination des toxines, ce qui peut passer dans un premier temps par une aggravation de certains problèmes de santé chroniques. Encouragez cette élimination grâce à des cures dépuratives, un jeûne contrôlé, une démarche de détoxication de l'organisme qui vous aidera à mieux combattre les rigueurs de l'hiver qui commence.

	Jours agréables, constructifs	**Défis, tensions, changements**
Vie sociale	(10, 11, 17, 19, 21)	(10, 11, 17, 19, 21)
Vie affective	2, 3	17
Santé	2, 3	10, 11, 17, 19, 21

Petite bibliographie pour découvrir l'astrologie

BARBAULT André, *Traité pratique d'astrologie*, Éditions du Seuil, 1961.

FORREST Steven, *Le Ciel intérieur*, Éditions du Rocher, 1999.

FUZEAU-BRAESCH Suzanne, *L'Astrologie*, PUF, coll. « Que Sais-Je ? », 1995.

MAILLY-NESLE Solange de, *L'astrologie*, Éditions de La Martinière, 1994.

SAINT-ARNAULD Régine, *L'Astrologie des paresseuses*, Marabout, 2005.

Quelques écoles

Centre d'astrologie structurale

Christian DUCHAUSSOY, 15, rue Baudin, 34000 Montpellier
Tél. : 04 67 58 91 02

christianduchaussoy@wanadoo.fr

Centre européen de formation astrologique

José SOL-ROLLAND, 24, rue des Orangers, B 1150 Bruxelles
Tél. : (322) 770 00 85

jose.solrolland@free.fr

Centre d'astrologie humaniste appliquée

Sylvie LAFUENTE, 1, rue Expilly, 38000 Grenoble

Tél. : 04 76 44 45 96

sylvie.lafuente@wanadoo.fr

Astro-Psycho-Généalogie

Catherine GESTAS, 103, avenue de Versailles, 75016 Paris
Tél. : 01 42 30 56 17

Vous trouverez sur mon service Audiotel (0892 68 27 80, 0,34 € la minute) la position de vos planètes, Ascendant et Milieu-du-Ciel, ainsi que vos prévisions personnalisées.

Vous pouvez également consulter gratuitement le site : www.albumdufutur.com (aller à : Calculs en ligne => votre carte du ciel) qui vous donnera toutes les données précises de votre thème.

Vous pouvez m'écrire à l'adresse : isabelleteissier@free.fr

Retrouvez également dans la collection des Paresseuses

L'Armoire idéale des paresseuses
L'Art de se faire épouser des paresseuses
La BD des paresseuses
La Beauté des paresseuses
Les Bonnes Résolutions des paresseuses
Le Bricolage des paresseuses
Le Corps de rêve des paresseuses
La Cuisine des paresseuses
L'Écologie des paresseuses
L'Engagement des paresseuses
Le Feng Shui des paresseuses
La Fête des paresseuses
Le Guide de survie des paresseuses
La Gym des paresseuses
L'Histoire de France des paresseuses
Le Home Sweet Home *des paresseuses*
Le Nouveau Savoir-vivre des paresseuses
Le Prince charmant des paresseuses
Le Régime des paresseuses
La Santé des paresseuses
La Sexualité des paresseuses
Le Sudoku des paresseuses
Les Vacances des paresseuses
La Vie rêvée des paresseuses

Photocomposition Nord Compo

IMPRIMÉ EN ESPAGNE PAR LIBERDUPLEX

Pour le compte des Nouvelles Éditions
MARABOUT
ISBN : 2501048466
Dépôt légal : 76408 – Octobre 2006
40.9779.6/01